中国统一养老保险制度
模式及推进路径
——基于公平视域的背景

温海红　著

科学出版社

北　京

内 容 简 介

本书回顾中国城乡养老保险制度变迁，遵循共享发展理念设计统一养老保险制度模式，该模式取消城乡户籍和职业身份的界定，在参保人群、参保方式、统筹层次、政府责任、领取年龄、保障水平方面实行全国统一，提出尽快完善城乡基本养老保险制度衔接的办法、制定统一养老保险制度的政策、建立长效的公共财政投入机制，提高养老保险制度的统筹层次等措施，同时要加快户籍制度的改革、深化劳动就业制度的改革、大力发挥补充养老保险的作用、加大养老保险政策宣传力度、发展经济提高城乡居民缴费水平、深化税收和收入分配制度的配套措施。

本书不仅可以作为高校社会保障及相关专业的学习资料，也可以作为从事养老保险理论研究者和实务工作者的参考书目，也适合作为广大民众了解和普及养老保险基本理论和知识的阅读书目。

图书在版编目（CIP）数据

中国统一养老保险制度模式及推进路径：基于公平视域的背景 / 温海红著.
—北京：科学出版社，2018.9

ISBN 978-7-03-055492-5

Ⅰ. ①中⋯　Ⅱ. ①温⋯　Ⅲ. ①养老保险制度–研究–中国
Ⅳ. ①F842.67

中国版本图书馆 CIP 数据核字（2017）第 281345 号

责任编辑：徐　倩 / 责任校对：贾娜娜
责任印制：吴兆东 / 封面设计：无极书装

科 学 出 版 社 出版
北京东黄城根北街 16 号
邮政编码：100717
http://www.sciencep.com

北京虎彩文化传播有限公司 印刷
科学出版社发行　各地新华书店经销

*

2018 年 9 月第 一 版　开本：720×1000　1/16
2018 年 9 月第一次印刷　印张：11 3/4
字数：230 000

定价：86.00 元
（如有印装质量问题，我社负责调换）

作者简介

温海红，女，1964年9月生，法学博士。西安交通大学公共政策与管理学院副教授，硕士生导师。长期从事社会保障教学与科研工作，主要研究领域为养老保险理论与政策、社区养老服务理论与实践。

主持国家社会科学基金项目、教育部人文社会科学研究一般项目等省部级项目20多项，出版社会保障专业教材3部和专著1部，公开发表期刊论文40多篇，获省部级、市级人文社会科学研究优秀成果4项。

序

公平是人类社会追求的崇高目标，公平正义是现代文明社会所追求的价值理念。自古至今，老有所养是人类社会重要和永恒的话题。伴随时代变迁，人们的养老方式也发生着重大变化，从农耕时代的家庭养老发展为工业时代的社会养老，从非正式养老发展为正式的制度安排养老，从保障部分人群发展为保障全体国民，从单一的养老保障体系发展为多层次的养老保障体系，尤其在人口老龄化的今天，世界各国都在不断完善和改革养老保险制度，以实现社会成员老有所养的目标，又同时将公平作为养老保险制度发展的首要原则。

我国养老保险制度经过20多年的试点和改革探索，经历了先城镇后农村的发展阶段，从计划经济时代的平均分配理念，到经济转型时代的公平兼顾效率理念，再到目前的公平、正义和共享的理念，已建立了世界上最大的覆盖城乡居民的养老保险体系，在提升制度公平性方面取得了显著成绩。但是长期以来受二元经济体制的制约，养老保险制度在保障模式、筹资模式、基金来源、待遇水平和政府责任等方面存在显著的差异，从而导致城乡之间、地区之间和社会成员之间的不公平，在一定程度上阻碍了社会经济的发展。

如何进一步提升养老保险制度的公平性？国内外学术界对养老保险制度公平性的研究较为丰富，国外从人口学、经济学、管理学、保险学等理论视角，采用定量和定性方法分析养老保险制度与财政、经济发展水平等的相关性。伴随人口老龄化的到来，各国纷纷改革养老保险的筹资模式，提倡建立多方负担的多支柱养老保险体系和促使养老金管理趋于市场化，实现养老保险基金的收支平衡，以进一步体现养老保险制度的公平性。我国理论界近年来十分重视城乡基本养老保险制度的研究，对城乡一体养老保险制度的必要性和可行性已达成共识，并提出了完善养老保险制度的思路和对策建议，但是缺乏对统一养老保险制度的概念内涵、模式和政策建议深入与系统的研究，因此，如何从公平的视角实现我国统一养老保险制度，成为迫切需要研究的重要课题。

我自2000年以来从事社会保障专业的教学和科研任务，始终围绕养老保险制度的改革主题，指导学生开展了企业职工养老保险制度、农民工养老保险制度、农村社会养老保险制度和公务员养老保险制度的理论与政策研究，深感我国设计的不同人群的养老保险制度之间存在诸多差异性和局限性，这些差异性和局限性不但带来老年人之间的保障水平的悬殊，而且影响了新生劳动力在就业和职业选择中的倾向性，出现了劳动者在工作流动中其养老保险的参保、缴费和领取养老金各环节不顺畅的局面等一系列问题，这是由于我国养老保险制度设计不合理和不科学，没有真正体现养老保险制度的初衷即公平性，这也促使我们积极探索更加公平的养老保险制度设计，实施统一的养老保险制度将是最好的选择。

党的十八届五中全会提出"创新、协调、绿色、开放、共享"五大发展理念。其中共享理念是我国社会经济发展的重要原则，也是我国设计统一养老保险制度模式的重要依据。本书基于现有公平理论，以共享发展为理念设计统一养老保险制度模式，其内涵是取消城乡户籍和职业身份的界定，在参保人群、参保方式、统筹层次、政府责任、领取年龄、保障水平方面实行全国统一，实行统一标准、统一管理和统一支付，养老保险基金由个人缴费和中央财政补贴构成，实行全国统筹，以实现全体国民基本养老保险权益的共享。

党的十九大报告明确提出要全面建成覆盖全民、城乡统筹、权责清晰、保障适度、可持续的多层次社会保障体系，这为今后建立统一养老保险制度提供了理论依据。本书基于现有丰富的研究成果，从公平的视角，对我国养老保险制度发展进行客观评价，提出统一养老保险制度的模式及其政策建议，对丰富和完善我国养老保险制度理论研究具有一定的参考价值。

本书得到 2014 年度陕西省社会科学基金项目的资助，调研数据的采集涵盖了城镇企业职工和城乡居民，研究结果总结陕西省养老保险制度发展现状的同时，对我国实施统一养老保险制度进行了展望，期盼我国养老保险制度的发展更加公平。

温海红

2018 年春于西安

前　言

　　人人能够享有基本的养老保险是我国全面建成小康社会发展战略的重要内容。基于人口老龄化程度加深和流动人口日益增加，未来如何通过顶层设计和优化制度推行我国统一养老保险制度，以体现更加公平的养老保险制度成为理论界迫切需要解决的重大问题。本书基于公平理论，分析目前我国养老保险制度公平性存在的问题，设计统一养老保险制度的模式，提出推进统一养老保险制度的具体策略，对完善养老保险制度研究具有十分重要的理论和现实意义。

　　本书内容共分七章。

　　第一章是绪论。基于我国养老保险制度发展面临的现实和理论问题，提出养老保险制度改革的迫切性和重要性，确立本书研究的内容、思路与方法。

　　第二章是我国养老保险制度公平性的理论分析。基于现有研究成果，界定养老保险制度公平性的概念和内涵、统一养老保险制度及其性质；总结我国养老保险制度公平性的特点，阐述马克思的公平理论、社会总产品理论和人的全面发展理论等，构建养老保险制度公平性实现模式及其路径理论框架。

　　第三章是我国养老保险制度公平性现状分析。回顾我国城乡养老保险制度的发展历史，总结目前城乡养老保险制度公平性的特点，以陕西省为调查样本，分析养老保险制度公平性存在的问题和原因。

　　第四章是我国统一养老保险制度模式设计。针对目前养老保险制度差异化带来城乡之间、人群之间和地区之间的不公平性，遵循共享发展理念，设计统一养老保险制度模式，该模式体现了养老保险制度的起点公平、过程公平和结果公平。

　　第五章是影响我国统一养老保险制度因素的实证分析。基于现有文献研究观点构建理论模型，通过研究假设、变量选取与测量，采用因子和回归分析方法，以陕西省调查数据为样本，从经济发展、制度管理、社会、家庭状况和个人情况五个维度分析实现我国统一养老保险制度的影响因素，总结各因素在城乡养老保险制度之间的差异及其效应。

　　第六章是国外养老保险制度改革及其经验借鉴。发达国家通过深化养老保险改革积极应对人口老龄化，如英国、法国、日本、美国、韩国等的养老保险制度改革思路对我国提供了有益经验。

　　第七章是推进实现我国统一养老保险制度的路径。针对城乡养老保险制度公平性存在的问题，通过整合、衔接、统一三个实施步骤推进统一养老保险制度，并提出具体政策建议和配套措施。

本书通过研究得出以下结论：一是养老保险制度的公平性具有阶段性和相对性，在不同经济发展阶段对公平赋予的内涵不同；二是共享发展是设计统一养老保险制度模式的重要理念，统一养老保险制度是起点、过程和结果公平的有机统一体；三是影响实现我国统一养老保险制度的因素是多方面的，既有经济、制度和社会的宏观因素，也有家庭经济状况、个人的文化程度、年龄、婚姻状况等微观因素。

本书具有三个特点：一是注重理论和实践相结合。在阐述相关公平理论的同时，总结国内外养老保险制度发展和改革的措施。二是具有一定的前瞻性。结合我国城乡养老保险制度差异化的特点，提出全国统一养老保险制度的概念和模式，于现有的养老保险政策体系框架而言，本书的研究观点具有一定的超前性。三是全面性兼顾系统性。本书全面介绍了我国城乡养老保险制度的发展历史，系统分析了现行养老保险制度公平性不足及其原因，为实现统一养老保险制度提供了具体思路。

目　录

第一章 绪 论

第一节 我国养老保险制度改革的迫切性

养老保险制度（也称为基本养老保险制度）是社会保险制度的重要组成部分，它是国家通过立法为退出劳动领域的老年人提供基本生活保障的重要社会政策。养老保险制度作为国家一项重要的社会政策，通过保障老年人基本生活需要实现社会公平。在养老保险制度建立和发展的过程中，世界各国结合本国的社会制度、经济发展水平、人口结构、政治体制和文化特征建立了不同模式的养老保险制度，这些制度模式在覆盖范围、筹资方式、待遇支付水平上虽然存在一定的差异，但是对各国经济发展和社会稳定均发挥了重要作用。当前中国养老保险制度不但在发展上面临人口老龄化趋势和流动人口规模不断增加的社会问题，而且在制度设计上存在公平性不足的问题，因此，探讨统一养老保险制度模式与推进路径十分迫切。

一、快速增长的人口老龄化

人口老龄化是当今世界各国面临的共同性难题。按照国际通用标准，一个国家60岁及以上或者65岁及以上老年人占人口总量的比重分别达10%或者7%，即意味着这个国家处于老龄化。与其他老龄化的国家相比，我国人口老龄化具有老年人口基数规模大、老龄化速度快、未富先老等特征，而且我国是世界上唯一老年人口已超过1亿人的国家。第五次全国人口普查数据显示，我国在2000年60岁以上人口达1.3亿人，占总人口的比重为10.46%，这表明我国已进入老龄化国家的行列。2010年第六次全国人口普查数据显示，我国60岁以上人口为177 648 705人，占13.26%，2016年底60岁以上人口达23 086万人，占16.7%，65岁及以上人口达15 003万人，占10.8%，未来我国人口老龄化程度将会进一步加重（表1-1）。老年人口是社会发展的重要组成部分，满足老年人的生活需要是社会再生产发展的重要目标。建立和发展养老保险制度以满足老年人的基本生活需要为宗旨。伴随我国人口老龄化趋势的加快，养老保险基金的支出压力越来越大。养老保险基金是社会保障基金的重要组成部分，养老保险基金的收支平衡是保证制度正常运行的关键条件。养老保险基金收入规模的大小取决

表 1-1　2000～2050 年我国老年人口发展趋势预测　　（单位：万人）

年份	2000	2001	2006	2012	2020	2050
年末总人口	126 743	127 627	131 448	135 404	138 381	127 942
15～64 岁	8 891	8 985	9 507	100 403	96 045	78 600
65 岁以上	8 821	9 062	104 190	127 140	210 660	314 420

资源来源：人口和社会发展报告 2014——人口变动与公共服务.中华人民共和国发展和改革委员会网站.http://www.ndrc.gov.cn。

于养老保险参保率的高低。按照大数法则的原理，养老保险制度覆盖范围越广，参保人数越多，养老保险基金的收入规模越大，养老保险制度的共济性越强，养老保险制度抵御风险的能力就越强。因此为了提高我国城乡基本养老保险的参保率，增强养老保险基金的收入规模，有效缓解人口老龄化带来养老保险基金的支付压力，确保养老保险制度的可持续发展，迫切需要实现我国统一的养老保险制度。

二、规模庞大的流动人口

流动人口是我国实施改革开放以来伴随城镇化和工业化发展的客观产物，它是在户籍制度条件下，离开了户籍所在地到其他地方居住的人口。近年来我国流动人口的规模日益增加（2015 年较 2014 年有所减少，见图 1-1）。2010 年第六次全国人口普查时，新生代流动人口已经超过流动人口半数，总量达 1.18 亿人。《中国流动人口发展报告》数据显示，我国流动人口占全国人口总量的比重从 2010 年的 16.5%上升到 2015 年的 18%，近年来我国新生代流动人口的比重不断上升，2016 年已达 64.7%，成为流动人口的主力军。未来流动人口趋于稳定增加的态势。

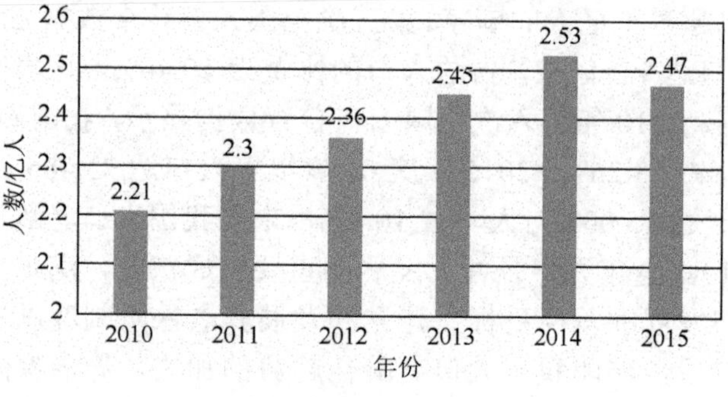

图 1-1　2010～2015 年我国流动人口增加情况

资源来源：2010～2015 年《中国流动人口发展报告》

目前我国流动人口以农村劳动力为主，他们从农村向城市、从经济欠发达地区向经济发达地区的流动，一方面为城镇各行各业发展增加了劳动力供给，为城市的发展作出了巨大的贡献；另一方面中青年劳动力在不同地区之间的流动中，受现有户籍制度和公共服务地方利益化的制约，难以享受地方政府提供的公共产品和服务。我国基本养老保险目前实行省级统筹，各地区的养老保险政策不统一，缴费费率和缴费基数存在较大差异，流动人口的就业不稳定性难以保证在同一个省（自治区、直辖市）连续缴费 15 年，养老保险制度在不同地区之间不能顺利有效衔接，最终出现流动人口的养老保险参保率偏低和参保后又"退保"的现象。国家统计局发布的《2014 年全国农民工监测调查报告》显示，2014 年农民工参加养老保险的比例为 16.7%，高龄农民工的参保率仅为 3.9%，这说明我国现有的城乡养老保险体系建设滞后于人口流动的步伐，如此低的参保率与我国 2020 年实现全民保障的目标相差较远，不符合共享发展的理念。虽然近几年来国家相继出台了一系列的政策和法规，旨在保护农民工的养老保障权益，但是一些省（自治区、直辖市）基于地方保护利益，对流动人口设置了许多限制条件，不允许非户籍人口以灵活就业人员身份参加养老保险，有的城市以种种借口拒绝承接大龄劳动者的养老保险关系，加之养老保险制度衔接政策缺少统一的操作办法，严重影响流动人口养老保险关系的转移接续，阻碍了劳动力的合理流动。人的存在是一切社会发展的首要前提，保障人的基本权利是该社会公平合理的一个重要的标志。养老保险制度保障的对象是城乡全体社会成员，在老年时他们都应该平等地享有政府提供的基本养老保障，以满足社会成员"老有所养"的愿望。为了提高流动人口的参保率和解决其在跨地区与跨制度中养老保险关系转移接续的问题，有必要实现我国统一、公平的养老保险制度。因为只有加快实现统一的养老保险制度，彻底消除不同养老保险制度之间的差异化，才能促进养老保险制度在城乡之间、人群之间和地区之间的公平性，最终实现劳动者的自由全面发展。

三、养老保险制度"碎片化"严重

我国养老保险制度从 20 世纪 50 年代建立发展到现在，先后经历了从城镇养老保险制度到农村养老保险制度，养老保险制度覆盖人群从企业职工到城乡居民，初步建立了覆盖全体城乡居民的基本养老保障体系。基本养老保险制度包括企业职工基本养老保险制度、机关事业单位养老保险制度、城镇居民基本养老保险制度和新型农村社会养老保险（简称新农保）制度四大部分。近年来基本养老保险制度的覆盖面不断提高，截至 2016 年底全国参加基本养老保险人数为 88 777 万人，其中参加企业职工基本养老保险人数为 37 930 万人，参加企业职工基本养老保险的农民工人数为 5940 万人，参加城镇居民基本养老保险人数是 50 847 万人，全国 31

个省（自治区、直辖市）[①]和新疆生产建设兵团已建立养老保险省级统筹制度，目前已建立了世界上最大的社会养老保障体系，虽然我国城乡养老保险制度改革取得了显著成绩，但是仍然存在着制度"碎片化"的问题（郑秉文和齐传君，2009）。养老保险碎片化是在特定的经济水平和社会条件的约束下出现的阶段性现象。我国养老保险制度碎片化是指在城乡之间、地区之间以及不同群体间存在巨大差异。造成养老保险制度碎片化的原因是多方面的：首先，长期以来对养老保险的概念界定不明晰，国家在制定相关政策时也没有明确给出相关的定义，致使基本养老保险发展的目标不明确；其次，自中华人民共和国成立以来实行二元结构的人口管理模式，将养老保险的参保对象区分为农业户口和非农业户口，许多农业户口的务工人员在城镇就业中作为编外人员或临时工，单位没有给他们缴纳养老保险费，这部分人群和没有工资收入的居民一样游离于养老保险制度之外，这些人群具有较强的流动性，成为养老保险制度扩大覆盖面的难点和盲点。目前我国养老保险制度"碎片化"引起的问题主要表现在以下方面。

（一）不同人群的养老保险待遇水平差距较大

中华人民共和国成立以来，根据当时的经济发展水平，建立了城乡有别和不同人群的养老保险制度，从此我国养老保险制度长期处于二元化或"碎片化"的状态。近年来城镇企业职工基本养老保险制度及其体系日益完善，企业职工的养老保险费由政府、企业和个人三方共同承担，体现了保障性和共济性的特征，而农村养老保险制度缺乏应有的强制性，农村居民养老保险以个人缴费为主，保障水平较低。伴随社会经济的快速发展，城乡二元养老保险制度导致社会成员之间享受养老保险待遇水平悬殊。例如，2013 年全国企业退休人员月平均基本养老金水平为 1893 元，城乡居民月平均基本养老金水平为 87.78 元。城镇企业职工和机关事业单位养老保险制度长期以来实行"双轨制"，企业与机关事业单位年人均养老金的绝对差距越来越大。从 2000 年企业人均养老金 6530 元、机关事业单位人均养老金 9481 元，人均养老金相差 2951 元，到 2013 年企业人均养老金 22 367 元、机关事业单位人均养老金 31 082 元，人均养老金相差 8715 元，两群体之间的养老金差距逐年拉大。机关事业单位的养老金替代率远远高于企业的养老金替代率。2001 年机关事业单位的养老金替代率高达 88.40%，企业的养老金替代率是 53.65%，2013 年机关事业单位的养老金替代率是 59.03%，企业的养老金替代率是 43.47%。两个群体的养老金替代率都有降低，但是两者的差距仍然很大。2015 年正式启动的机关事业单位与企业职工基本养老保险制度并轨是具有历史性的改革突破，但是制度并轨不必然意味

---

① 未包含香港、澳门、台湾。

着保障共享和待遇均等。在现行基本养老保险制度框架下，四类人群的平均养老金待遇之比大约是农村老年居民：城镇老年居民：企业退休职工：退休公务员=1：1：20：41。养老保险制度是国家收入再分配的有效调节器，其目标是缓解社会贫困和缩小社会成员之间的收入差距，目前我国不同人群之间养老保险待遇差距过大则是收入分配格局不合理最直接的原因，规范与合理的收入分配秩序是促进经济社会发展的关键。我国不同人群之间的养老金待遇水平存在较大差距，既不符合养老保险制度设计的初衷，也不利于促进城乡社会稳定。

（二）养老保险制度的地区差异较为严重

我国不同省（自治区、直辖市）各自形成区域养老保险制度，因各地区之间在经济、自然资源、人才等方面存在差异，不同人群的养老保险在统筹层次、缴费基数、补贴标准、缴费比例等方面存在许多差异，加之养老保险制度实行省级统筹，养老保险待遇区域差异的拉大导致地区之间公平性的缺失，经济发展水平较高的地区其养老保险制度待遇水平高。近年来我国各地结合实际情况建立了不同模式的城乡养老保险制度，在实践运行中城乡基本养老保险制度在政策、缴费、财政补贴等方面存在许多差异，这种有差异的养老保险制度又加大了地区之间经济发展的不平衡。即地区经济越发达，养老保险制度相对越完善，财政支付压力越小，养老保险基金结余越多，完善的养老保险制度也就越能吸引和留住大量的劳动力，又会促进本地区经济发展；相反，地区经济越不发达，其养老保险制度越不完善，养老保险基金收支缺口越大，也就越不能吸引和留住大量的劳动力，致使本地区经济发展滞后。目前全国企业职工基本养老保险基金实行省级统筹，在城乡养老保险制度地区分割的状态下，经济发达和人口高度集聚的地区，其养老保险基金结余多，相反在经济欠发达和人口净流出的地区养老保险基金收支缺口较大，我国已有 2/3 的城镇职工基本养老保险当期基金征缴收不抵支，中西部多地区已出现养老保险基金的严重缺口。《中国社会保险年度发展报告 2016》显示，有 13 个统计地区养老保险基金累计结余的可支付月数已不足 1 年，黑龙江省养老保险亏空超 200 亿元。2009 年新农保制度实施以来也呈现地区差异，例如，2010 年北京市、江苏省和山东省的新农保基金累计结余都超过了 50 亿元，而西藏自治区、宁夏回族自治区、甘肃省和海南省的累计结余都不足 1 亿元。这种地区分割的养老保险制度不仅没有发挥缩小贫富差距和增强社会互济功能，而且导致不同地区间的差距逐步扩大，在一定程度上阻碍了我国实现共同富裕的发展目标。

（三）养老保险管理体制机制不顺畅

养老保险管理制度是养老保险制度顺利实施的组织保证。养老保险制度的有序健康发展取决于合理与科学的约束、激励和监督管理体制机制。一国的养老保险管理制度取决于该国的经济和政治水平。我国的养老保险管理体制也发生了重大变化。1978年后城镇国有企业、大集体企业职工社会养老保险由国家劳动部管理，逐步推行养老金省级统筹。1984年，国务院规定集体经济组织的养老保险由中国人民保险公司负责管理，国家机关和事业单位的养老保险由人事部负责统一管理，离休人员由中央组织部负责管理，农村老年社会救济则由乡镇政府和村委会负责管理。目前，我国企业职工基本养老保险由人力资源和社会保障部门及保险经办机构管理，行政机关和事业单位职工养老金来自于财政拨款，由财政部门管理和发放，新农保试点地区则由新农保经办机构负责，现行养老保险管理体制和运行机制造成机构重叠与分工不明确等问题，进而引发矛盾和造成资源的浪费。同时养老保险"碎片化"引起了基金统筹层次低，养老保险基金管理各自为政。养老保险基金以各自统筹区为单位来管理，基金抵御风险能力弱，这必将增加养老保险基金收支不平衡的风险，加之没有完善的法人治理结构和专业的管理人员因而缺乏市场化的运营条件，也是导致养老保险基金投资收益率低的重要因素。

（四）养老保险关系转移和接续困难

养老保险制度衔接又称为养老保险关系转移和接续，或简称关系转续，是指参保人员在不同地区就业时，其养老保险有关权益记录及待遇水平等关系随其发生的必要转移和接续。1997年城镇企业职工基本养老保险制度推行以来，随着沿海发达地区经济发展的需要，内地部分省（自治区、直辖市）成为劳动力输出的主要来源，加之农村大批劳动力不断涌向城市，外来务工人员面对养老保险关系不能异地转移和接续，深圳市不断出现"退保"的现象，为了解决企业职工跨省流动就业带来的养老保险关系转移和接续问题，国家自2009年以来陆续颁布相关政策，使得我国养老保险在跨统筹区、跨制度之间转移和接续的具体内容与方法有了相应的制度规范。但目前的政策规定在责任划分、管理方式等方面仍存在着一些问题。即现行养老保险关系转移和接续政策缺乏长期规划性，具有较为明显的过渡性质，从而导致衔接政策的实施效力相对较弱，同时现行养老保险关系转移和接续的管理机制不明确，从而导致管理机构之间责任划分不清，各地社会保障经办机构设置存在差异，加之养老保险基金统筹层次低和属地化管理原则，尤其是当前的社会保障信息系统在不同统筹区内自成体系，地区之间记账方式和登记内容不一致，导致信息系统接口不统一，无法实现参保信息在各统筹区进行共享，从而不利于养老保险制度衔接的顺利实现。目前我国的农民工在劳动力人口中占较大比重，也是流动性较强的群体，其养老保险关系不能有效接续妨碍了劳动力跨地区的自由流动，不利于促进人的全面发展，对扭转劳动力市场二元结构和加快城市化进程产生了不利影响。

四、养老保险制度公平性不足

（一）城乡养老保险制度的参保机会不公平

我国城镇养老保险制度起步早、覆盖面广，但是效益好的国有企业为职工缴纳的养老保险金要比效益差的企业缴纳的多，企业职工内部的养老金收入差距很大，部分民营企业还没有为员工缴纳养老保险费。事业单位养老保险制度改革中存在事业单位内部的不公平，主要体现在公益性事业单位与机关内设事业单位之间的不公平、自负盈亏事业单位与全额财政拨款事业单位之间的不公平、编制内人员与编制外人员之间的不公平、新老员工之间的不公平。2009 年和 2011 年政府相继举办新型农村社会养老保险以及城镇居民社会养老保险，2014 年整合为城乡居民统一的基本养老保险，但由于这类人员缴纳的养老保险金普遍很低，加之政策的激励性和吸引力不强，一些青年群体参加养老保险的意识不强，还有一些自由职业者、个体经营户并未参加社会养老保险，致使养老保险参保率低。

（二）城乡养老保险制度的过程不公平

企业职工基本养老保险制度是基于企业职工稳定的工作和收入，设计了养老保险的缴费标准，参保职工根据每年社会平均工资基数能够按期足额缴费，以确保其享有未来的养老保险待遇，同时企业职工基本养老保险制度采用累退缴费机制，对低收入人群极为不利，进一步削弱了制度的公平性，养老保险制度的实施进一步拉大了垄断行业和非垄断行业之间的收入差距；不同行业适用于不同的企业缴费率，现行企业缴费率水平趋于福利最大化。而农村居民进入城市后，由于各种原因不能参加企业职工养老保险，或者参保后缴费能力不足，不能连续缴足15 年的养老保险费，出现养老保险的断缴或欠缴现象。

（三）城乡养老保险制度的结果不公平

城乡养老保险制度存在机会和过程不均等，必然导致结果的不公平。目前城乡养老保险保障水平、养老服务待遇、养老服务信息化等方面存在较大差异，较低的保障水平，导致农村居民参保意愿不强，即使参保也是选择较低的缴费档次，于是较低的缴费档次导致较低的保障水平，致使农村居民对养老保险制度的满意度较低。

（四）养老保险制度存在性别之间的不公平

　　女性工作时间短、工资水平低和预期寿命长，这些因素都对女性养老保障权益产生不利影响。养老保险制度产生性别差异是由缴费型养老保险的性质和男女就业状况差异决定的。在养老保险制度设计中，影响养老金在男女之间分配的三个前提条件是劳动参与率、工资收入、预期寿命。我国养老保险制度在退休年龄和待遇方面存在男女职工之间的不公平。现行退休年龄制度规定女职工 50 岁退休，女干部 55 岁退休，男性 60 岁退休，女性比男性早退休 5 年或 10 年，加之我国女性就业率低，参保人数少于男性，女性的养老金低于男性。目前一些地方颁布的基本养老保险制度实施办法，在提高养老金水平的同时扩大了男女职工养老金的差距，机关事业单位和城镇企业的退休女性的养老收入存在差异。性别平等是社会公平的重要维度之一，促进性别平等有利于发挥每个劳动者的人力资本潜力和促进社会经济发展，养老金性别平等是养老保险制度公平性的具体体现，为了缩小因劳动力市场不平等可能导致的养老金收益的性别差异，在未来设计我国统一养老保险制度中，必须通过优化制度设计和完善政策内容等方式，消除我国养老保险制度的性别差异。

五、养老保险制度个人账户空账规模巨大

　　为了化解人口老龄化危机，我国借鉴国外发达国家养老保险制度发展的有益经验，于 1997 年在全国推行企业职工基本养老保险制度，该制度采用社会统筹和个人账户相结合的混合筹资模式，2001～2005 年在辽宁开始做实个人账户的试点工作，从 2006 年 1 月 1 日起，个人账户的规模统一由本人缴费工资的 11% 调整为 8%，全部由个人缴费形成，单位缴费不再划入"个人账户"。随后在全国启动做实个人账户的工作，截至 2008 年全国做实个人账户的省（自治区、直辖市）达 13 个，但是受多种原因的影响，我国个人账户空账运行规模逐年增加，2009 年底个人账户空账规模为 1.3 万亿元，2012 年达 2.22 万亿元，2014 年达 3.5 万亿元，2015 年达到 4.71 万亿元，如此规模巨大的个人账户空账直接影响了我国城镇职工养老保险由现收先付制向积累制的转变，将养老金的支付风险转移到了后代，并给养老保险制度带来巨大的财务风险，部分积累制名存实亡。个人账户空账运行一方面影响了养老保险基金的可持续发展，另一方面影响了养老保险制度的公信力和政府部门的公信力。深入思考我国养老保险制度设计个人账户并出现目前的空账问题后，李珍（2012）从理论视角认为城镇职工基本养老保险制度混入社会保险在理论上的困境是个人账户是私有财产，不具有保险性质，将它嵌入社会保

险之中在学理上不通。郑功成（2007）从实践角度总结"我国早期简单地将完全私有化的个人账户引入了基本养老保险制度，不仅弱化了公共养老金的互助共济性功能，也直接损害了该制度的可靠性、可持续性，还造成基本养老保险制度的地区分割，并使完全个人账户化的企业年金、商业养老保险无法得到健康发展"。那么未来顶层如何重新设计基本养老保险制度，如何改革个人账户制度成为我国养老保险制度深化改革的重大挑战。因为个人账户制度体现效率原则，直接关系全体参保者的切身利益，只有通过个人账户才能激励参保者多缴多得，提高养老保障水平，才能增强养老保险制度的自信，提高养老保险制度的偿付能力，实现养老保险制度的可持续发展。

六、城镇职工基本养老保险缴费费率偏高

养老保险基金的收入取决于养老保险缴费费率，养老保险缴费费率决定了养老保险费用，决定了参保者未来的养老金待遇水平。长期以来我国基本养老保险缴费费率处于高位运行，且地区间缴费费率不统一。世界各国养老保险平均缴费费率为 15%，我国现阶段 28%的缴费费率明显偏高。养老保险缴费费率偏高，一方面造成企业人工成本上升，影响企业的市场竞争力和生存能力，造成企业利润减少，也影响了企业举办补充养老保险的积极性；另一方面加剧了企业瞒报缴费基数、虚报缴费人数等逃费现象，同时养老保险缴费费率偏高，减少了劳动者的当期收入水平，抑制了劳动者的消费能力。过重的缴费增加了企业负担，尤其是中小微企业及个体工商户、灵活就业人员，农民工普遍反映养老保险负担较重，过高的缴费致使他们的参保率低，即使参保了后期也不断出现断缴或退保的现象，同时各地缴费费率不统一，对于企业的用工成本产生了较大差异，不利于企业在市场中的竞争发展。如果这种现象日益严重，会影响参保劳动者养老保险权益的维护，这与我国的共享发展理念不符。享有养老保险待遇是每个劳动者的权利，只有人人参与和人人尽责的养老保险制度，才能实现人人共享养老保险。

第二节 我国养老保险制度改革的重要性

一、现有理论研究的特点

目前世界各国养老保险制度采用的模式有国家福利型、投保资助型、强制储蓄型和国家保险型四种，养老保险筹资模式有现收现付制、基金制和部分积累制三种。无论采用哪种模式，均与各国的社会制度、经济发展水平、人口结构、政

治体制和文化相适应；无论采用哪种模式，养老保险制度的发展始终以追求公平性为目标。国内外理论和实践界近年来十分重视养老保险制度的研究，研究内容和方法较为丰富，其特点如下。

（一）多元化的理论视角

国外研究养老保险制度较早，其理论基础较为丰富，早期的国家政治学理论侧重研究养老保险制度变迁及其公平性目标，如英国费边社和乔治·萧伯纳等代表的福利国家理论、德国斯塔夫·施穆勒等提出的国家干预理论、卡迈隆和韦斯等从社会公平与正义的视角提出民主社会主义福利理论以及国家责任理论与国家调整理论，这些理论认为政治因素在养老保险制度的形成和发展中具有重要作用，养老保险是一国各派政治力量博弈的结果。经济学理论主要侧重研究养老保险制度内在机理与宏观经济变量的关系，分析养老保险对储蓄、社会福利水平、经济增长、资本积累、收入分配的影响，主要有亚当·斯密的自由主义理论、凯恩斯理论、福利经济学理论、新古典经济学理论、新自由主义经济学理论、马克思主义的社会再生产理论和国家保障理论。公平和效率的关系始终是西方养老保险经济理论研究的核心，学者从老年社会理论、死亡变动理论、社会学、人口学、公共管理学等视角研究养老保险制度的问题。随着人口老龄化的到来，各国纷纷改革养老保险的筹资模式，提倡建立多方负担的多支柱养老保险体系，以保证养老保险制度基金的收支平衡。现有研究大多从宏观层面研究养老保险制度，基于跨学科和多学科的视角分析养老保险制度对经济发展的影响，国外的研究方法和理论对于养老保险制度改革具有重要的理论价值。例如，近年来英国养老保险制度市场化改革是基于诺思的制度变迁理论和产权理论，这些理论为中国养老保险制度的改革和发展奠定了基础。

（二）以定量分析为主

现有研究主要采用模型构建方法分析养老保险与国民经济、居民消费的影响关系，分析养老保险与统筹账户基金缺口和个人账户基金社会平均工资替代率的影响因素；部分研究还采用代际核算方法分析养老保险制度的改革对公共财政可持续的影响，分析不同筹资模式下的基本养老保险制度对整个财政政策代际平衡状况的影响；另外一些研究运用精算模型方法分析养老保险基金的缴费率、替代率和退休年龄等变量之间的关系，预测不同地区养老保险基金的短期平衡及城镇职工基本养老保险金的需求情况，这些研究方法为本书研究统一养老保险制度模式和推进路径提供了较好的借鉴。

（三）提出改革的模式和路径

　　面对人口老龄化、经济滞缓和财政支付压力，世界银行、国际劳工组织、经济合作与发展组织提出建立多支柱或多层次的养老金模式，发达国家通过养老保险市场化的改革缓解养老金的支付压力，并提出改革养老保险筹资模式、延长退休年龄、提高缴费率、养老保险基金管理私有化和建立多层次养老保险体系等措施。针对我国养老保险制度公平性不足的问题，中国学者提出建立统一的养老保险制度，以消除"碎片化"的养老保险制度，并通过完善与优化制度设计，强化激励机制，加大养老保险政策宣传力度，提高居民参保积极性，改革养老保险的筹资模式，提高养老保险基金的增值能力，实现城乡基本养老保险制度衔接和整合，提高经办机构服务水平，加大财政投入，科学合理划分各级财政的责任等建议实现更加公平的养老保险制度。针对我国个人账户空账问题，现有研究提出三种改革建议，第一，维持现有统账制不变，适当压缩个人账户的比例；第二，实行"分账制"，即个人账户部分或全部转移到补充养老保险制度中；第三，实行名义账户制，扩大个人账户比例，改为16%的"大账户"，推动养老金制度向积累制过渡。

二、现有理论研究的局限性

（一）缺乏对统一养老保险制度概念的界定

　　在养老保险制度公平性概念界定方面，现有研究主要从起点公平、机会公平和结果公平阐述养老保险制度公平性的内涵，另有研究认为公平分为普遍性公平与差异性公平、底线公平与高福利公平，较少从养老保险制度统一性的视角界定养老保险制度的公平性。在统一养老保险制度概念的界定方面，国外主要从养老保险制度方面体现其统一性，实施福利型养老保险制度的英国、瑞典等国家坚持公平至上的原则，实行城乡统一的养老保险制度；实行投保资助型养老保险制度的德国和日本等国家坚持区别对待原则，实行城乡分离的养老保险制度。国内研究虽然提出了统筹城乡养老保险制度、城乡一体化养老保险制度、城乡养老保险制度衔接、国民基础养老金、有差异的和激励性的个人账户制度的概念，但是较少有对我国统一养老保险制度概念的界定。

（二）缺乏对统一养老保险制度模式及其影响因素的分析

　　在养老保险制度模式方面，现有研究认为基本养老保险制度模式有普惠型养老保险制度、选择型养老保险制度和强制储蓄型养老保险制度，这些模式都是根据一个国家的经济、政治和文化背景及其理念而建立的，我们不能照搬国外养老保险制度的模式，应结合我国的实际情况，以公平理论为指导，探索我国统一养老保险制度模式及其内容。在分析养老保险制度影响因素的研究方面，现有研究主要通过建立模型从宏观层面的经济发展水平、人口、制度等因素分析与养老保险制度之间的影响关系，较少从微观层面的个人收入、婚姻、性别、年龄等因素分析与统一养老保险制度之间的影响关系。

（三）缺乏对实现统一养老保险制度系统性的对策建议

面对人口老龄化的挑战，国外提出发展多层次的养老保险体系，构建与经济发展水平相适应的可持续的养老保险制度。国内提出构建多层次养老保险体系，强化基金管理，发展企业年金和个人养老金投资金融市场等。在养老保险制度模式的推进路径方面，目前研究提出了基本养老保险制度三步走的发展思路，主要围绕城镇养老保险制度和农村养老保险制度分别提出对策建议，较少针对实现统一的养老保险制度而提出实施步骤和具体的政策建议及其配套措施。

三、本书研究的重要性

本书遵循发现问题、理论分析、实证分析、对策建议的规范的写作思路。首先运用文献回顾法阐述养老保险制度的相关理论，对国内外学者关于养老保险制度公平性、养老保险制度模式和推进路径的研究观点进行述评，界定我国养老保险制度公平性和统一养老保险制度的概念与特点；回顾我国城乡基本养老保险制度发展阶段及公平性的特点。其次通过对陕西省城乡养老保险制度实施现状调查数据的分析，运用描述性统计方法总结和分析目前养老保险制度公平性存在的问题与原因。再次基于共享发展理念，设计我国统一养老保险制度模式，并采用因子和回归方法对统一养老保险制度的影响因素进行实证分析；借鉴发达国家养老保险制度改革经验。最后提出推进我国统一养老保险制度的实施步骤和具体措施。其理论研究价值如下。

（一）丰富我国养老保险理论研究

长期以来国内外学术界高度重视养老保险制度公平性的相关研究，从不同视角研究养老保险制度公平性。国外研究主要从收入再分配效应的视角分析养老保险制度的公平性，基于跨学科和多学科的视角分析养老保险制度对经济发展的影响，通过研究发现养老保险作为国家正式制度安排，具有收入再分配性质才能实现其追求社会公平的价值诉求，并通过实证分析得出养老保险在一定程度上对财富在不同的代际和收入阶层之间具有明显的再分配功能，其中公共养老金财产比私人养老金财产更加具有均等效应。国内现有研究主要从起点公平、机会公平和结果公平阐述养老保险制度的内涵，指出我国养老保险制度在不同责任主体之间、地区城镇之间、单位之间和行业之间存在不公平性。一部分研究以城镇企业职工为研究对象，探析企业养老保险的待遇水平存在地区之间、性别之间的不公平；另一部分研究以城乡居民为研究对象，分析城乡居民社会养老保险制度与其他群体养老保险制度之间和代际存在不公平性，同时现有研究针对城乡居民养老保险制度一体化、城乡养老保险统筹发展、基本养老保险城乡一体化提出其路径研究的观点。虽然部分研究以公平理论分析我国养老保险制度的公平性，但是对养老保险制度公平性内涵界定不够清晰。现有研究虽然提出了养老保险制度的许多模式，但是尚未针对我国现行养老保险制度存在的差异性提出统一养老保险制度的概念和模式，也较少对实现我国统一养老保险制度模式提出政策建议。因此，从公平视角分析我国现行养老保险制度，得出的研究观点可以丰富养老保险理论研究。

（二）有利于促进我国社会养老保障体系的建设

党的十八大报告明确提出以增强公平性、适应流动性、保证可持续性为重点，全面建成覆盖城乡居民的社会保障体系，党的十八届三中全会提出建立更加公平可持续的社会保障制度，完善社会保险关系转移接续政策。结合党的十八届五中全会提出的共享发展理念，只有实现我国统一的养老保险制度，才能促进社会公平，缩小城乡居民收入差距。随着城乡社会经济的快速发展，我国农村养老保险制度建设严重滞后于城镇养老保险制度，不仅制约了农村经济的发展水平，而且导致城乡居民收入差距的不断扩大，严重影响了养老保险制度的公平性。本书将运用公平理论，遵循共享发展理念，设计我国统一的养老保险制度模式，有利于加快社会养老保障体系建设的步伐。因此，通过对陕西省养老保险制度实施现状的分析，总结目前养老保险制度公平性存在的问题，探索性地设计我国统一养老保险制度模式，运用因子分析和回归分析方法对统一养老保险制度的影响因素进行实证分析，提出推进统一养老保险制度模式的思路，对进一步完善我国社会养老保障体系，促进城乡劳动者合理流动和社会经济发展具有十分重要的理论意义。

（三）有利于实现我国城乡养老保险制度的衔接

城乡基本养老保险制度衔接是实现统一养老保险制度的前提，城乡养老保险关系衔接分为同制度流动和跨制度流动，具体包括统筹区内同一制度的关系转移、跨统筹区内同一制度的关系转移、统筹区内的跨制度的关系转移、跨统筹区内的跨制度的关系转移四种类型，其中统筹区内的跨制度的关系转移和跨统筹区内的跨制度的关系转移成为亟待解决的问题。欧盟国家面对人口老龄化的严峻挑战，针对区域之间的经济发展和养老保险制度的区域差距，基于一体化考虑，实行"开放性协调"的养老保险政策，即通过确立一体化为养老保险政策的最终目标，建立科学合理的养老保险财务机制，规定不同国家的养老保险协调通过暂时冻结、分别支付、比例支付、最后接管和累计计算实现。

在我国现有的养老保险体系框架下，城镇企业职工基本养老保险制度与事业单位养老保险制度、城乡居民养老保险制度之间互为衔接。关于城乡基本养老保险制度如何衔接，学者的观点各不相同。第一种观点是参考欧盟的做法，采取"分段计算、权益累加"办法；第二种观点是视同"缴费年限+以替代率标准确定待遇+累积养老金权益"的混合型衔接方案；第三种观点是城镇职工养老保险与新农保的衔接可采用"折算加补缴"和"待遇加权分别享受"的办法；第四种观点是新农保与农村其他社会保障制度的整合衔接，新农保和老农保、失地养老保险等政策的衔接与合并。

伴随农村大批剩余劳动力向城市的流入，出现城乡劳动者养老保险衔接困难和重复参保的现象，因此，要完善养老保险制度衔接政策的办法，彻底消除地区之间的制度障碍，确保劳动者在流动过程中有一个通畅的养老保险关系接续平台，这将会避免劳动者出现退保、断保和重复参保的现象，确保城乡劳动者的养老保障权益，促进城乡劳动力的合理流动。

（四）为实现我国统一养老保险制度提供理论指导

人人享有基本的养老保障是我国全面建成小康社会发展战略的重要内容。当前我国养老保险制度面临人口老龄化加快的趋势和流动人口日益增加的挑战，通过顶层设计和优化制度真正体现养老保险制度的公平性成为理论界迫切需要解决的重大任务。因为公平是人类社会追求的崇高目标，公平是体现社会主义和共产主义的基本价值，任何社会只有实现了公平，才能实现人的全面自由发展。虽然我国养老保险制度经过近年来的多次改革，公平性已经大为改进，即城乡居民养老保险制度的统一促进了城乡公平，机关事业单位养老保险制度与企业职工养老保险制度的并轨促进了人群之间的公平，但是上述问题的存在仍然影响我国养老保险制度的公平性，实现统一养老保险制度模式是我国养老保险制度发展的最终目标，其宗旨是实现养老保险制度在起点、过程和结果的公平，消除养老保险制度在人群之间、地区之间和城乡之间的差距。通过对现行养老保险制度存在公平性问题的分析，设计统一的养老保险制度模式，并提出推进该制度模式的对策建议，为加快实现全国统一的养老保险制度提供理论指导。

第三节 本书研究思路、方法和内容

一、研究思路

本书遵循发现问题、理论分析、实证分析、对策建议的规范的写作思路。首先运用文献回顾法阐述我国养老保险制度改革的必要性和重要性，明确研究的目标、思路和内容。其次以公平理论等为指导，基于国内外学者关于养老保险制度公平性、养老保险制度模式和推进路径的研究观点进行述评，界定我国养老保险制度公平性和统一养老保险制度的概念；回顾我国城乡基本养老保险制度发展阶段及公平性的特点。再次通过对陕西省城乡养老保险制度实施现状调查数据的分析，运用描述性统计方法总结和分析目前养老保险制度公平性存在的问题与原因。然后基于共享发展理念，设计我国统一养老保险制度模式，并采用因子分析和回归分析方法对统一养老保险制度的影响因素进行实证分析。最后提出推进我国统一养老保险制度的实施步骤和具体措施。

二、研究方法和资料来源

（一）方法

（1）文献回顾法。本书通过梳理国内外十多年来关于城乡基本养老保险制度的文献资料，围绕养老保险制度存在的问题、影响因素、对策建议和研究方法四个方面详细陈述并评价学者的各种观点，阐述相关公平理论，界定养老保险制度公平性相关概念，为本书的研究奠定理论基础。

（2）实地调查法。本书采用问卷调查法，分别对陕西省城镇企业职工基本养老保险制度、城乡居民基本养老保险制度实施情况进行实地调查，以陕西省铜川市、宝鸡市、西安市的调查数据为样本量，了解目前我国城乡养老保险参保情况、参保者对政策的认知及期望情况，总结和分析养老保险制度公平性存在的主要问题与原因。

（3）社会统计分析法。通过 SPSS 统计软件以及 Excel 软件，对调研收集的一手数据进行定量化的描述统计分析、逻辑回归分析的相关性分析，根据数据分析的结果提出实现养老保险制度公平性的模式和推进路径。

（二）资源来源

（1）公开统计资料。在人力资源和社会保障部、民政部、全国老龄工作委员会办公室（以下简称老龄办）、国家统计局网上查阅与城乡基本养老保险制度相关的政策规定；查阅与城乡基本养老保险制度有关的人口、收入、经济等数据；查阅近十年全国城乡基本养老保险的参保人数、领取人数、基金收支情况。

（2）政府内部资料。在陕西省城乡基本养老保险制度实地调研过程中，从三个调查城市的人力资源和社会保障局获取城乡基本养老保险制度的实施办法、工作计划与工作总结、经办机构建设等方面的内部资料。

（3）社会调查资料。2013 年 8 月到 2014 年 8 月，作者负责的陕西省社会科学基金项目"人口老龄化与陕西省城乡社会养老保险制度衔接机制研究"课题组在陕西省宝鸡市、西安市、铜川市进行了实地调研，共发放问卷 1800 份，回收问卷 1718 份，问卷回收率为 95.44%，采用典型抽样方法收集城镇职工基本养老保险制度和城乡居民养老保险制度实施现状、城乡参保居民对政策的认知、对政策未来的期望及经办机构建设情况等一手调查数据资料。

三、研究内容和章节安排

（一）研究内容

（1）分析目前我国养老保险制度公平性的现状。基于文献研究法回顾我国城乡养老保险制度发展阶段及其特点，总结目前我国养老保险制度公平性的体现；以陕西省调查数据为样本，采用社会统计学方法对被调查者的个人信息、参保情况、对政策的认知和期望进行描述性分析，总结我国养老保险制度公平性存在的问题及原因。

（2）设计我国统一养老保险制度的模式。采用文献研究法，以公平理论等为依据，遵循共享发展理念，针对我国目前养老保险制度设计存在的差异性，设计统一养老保险制度的模式，总结统一养老保险制度模式体现的公平性。

（3）分析我国统一养老保险制度的影响因素。采用因子分析和回归分析方法，以陕西省调查数据为样本，从经济发展、制度管理、社会、家庭状况和个人情况五个维度分析实现统一养老保险制度的影响因素，总结城乡户籍条件下各因素在养老保险制度之间的差异及其效应。

（4）提出推进我国统一养老保险制度模式的路径。针对养老保险制度公平性存在的问题，在全国统一养老保险制度模式的框架下，通过整合养老保险制度、衔接养老保险制度、统一养老保险制度三个步骤，提出推进统一养老保险制度的具体政策建议和配套措施。

（二）章节安排

第一章是绪论。阐述我国养老保险制度改革的迫切性和重要性，明确本书研究统一养老保险制度的思路、方法和内容。

第二章是我国养老保险制度公平性的理论分析。以马克思主义等理论为养老保险公平性分析的理论基础，分析养老保险制度公平性实现的内涵和特点，总结我国统一养老保险制度的性质和特点，构建养老保险制度公平性实现模式及其路径理论框架。

第三章是我国养老保险制度公平性现状分析。回顾我国城乡养老保险制度的发展历史，总结目前城乡养老保险制度公平性的特点。通过对陕西省城乡养老保险制度的调查数据分析，采用社会统计方法对被调查者的个人信息、参保情况、对政策的认知和期望进行描述性分析，分析养老保险制度公平性存在的问题和原因。

第四章是我国统一养老保险制度模式设计。以马克思公平理论为依据，遵循共享发展理念，针对目前养老保险制度差异化带来城乡之间、人群之间和地区之间的不公平性，设计统一的养老保险制度模式，该模式体现了养老保险制度的起点公平、过程公平和结果公平，并从政策体系完善、财政支持和社会支持度分析实现统一养老保险制度模式具备的现实条件。

第五章是影响我国统一养老保险制度因素的实证分析。基于现有文献研究观点构建理论模型，通过研究假设、变量选取与测量，采用因子分析和回归分析方法，以陕西省调查数据为样本，从经济发展、制度管理、社会、家庭状况和个人情况五个维度分析实现我国统一养老保险制度的影响因素，总结各因素在城乡养老保险制度之间的差异及其效应。

第六章是国外养老保险制度改革及其经验借鉴。面对人口老龄化、财政支付压力，发达国家对养老保险制度进行深入改革，从筹资模式、体系优化、退休年龄方面进行调整，这些改革思路为中国养老保险制度的改革提供有益经验。

第七章是推进实现我国统一养老保险制度的路径。针对城乡养老保险制度公平性存在的问题，提出推进统一养老保险制度将通过整合养老保险制度、衔接养老保险制度、统一养老保险制度三个实施步骤，提出具体政策建议和配套措施。

第二章　我国养老保险制度公平性的理论分析

第一节　养老保险制度及其公平性

一、养老保险制度

（一）养老保险制度公平性

养老保险制度是工业化社会发展的必然产物，自 1883 年在德国建立养老保险制度以来发展较快，一定程度上解决了劳动者老年生活保障的社会问题。养老保险制度在国外又称为老年保险或社会养老保险制度，社会养老保险制度在全世界发展迅速的重要原因是它具有再分配性质，以实现社会公平为目标。关于养老保险制度的定义学者解释各有千秋。在我国代表性的观点主要有：郑功成（2007）强调养老保险制度的目的是增强劳动者抵御老年风险的能力；董克用（2000）认为养老保险制度是保障老年人的基本生活；李珍（2012）指出通过采取强制征集社会保险费（税）来形成社会养老保险基金支付给退休劳动者；孙树菡认为养老保险制度是对达到国家规定退休年龄的劳动者，采取一定方式获得基本生活的一种社会保险制度；潘锦棠（2012）认为养老保险制度由政府主办，是保障法定老人基本生活的一种社会保险制度。

养老保险制度是社会保险制度的重要组成部分，随着养老保险事业的不断发展，学者对养老保险理论研究内容日益丰富。本书认为养老保险制度是国家通过立法为退出劳动领域的老年人提供基本生活保障的一项社会制度。养老保险制度具有普遍性、保障性、公平性、共济性、强制性的特征，其中公平性是养老保险制度的基本属性。所谓养老保险制度公平性是指对于绝大多数参保对象而言，享受着大体相同的保障水平，具体包括任何公民都有平等的权利参与到养老保险当中（即机会公平）、按照一致的养老保险参与规则（即过程公平）和在获得的最终保障结果方面不存在太大差异（即结果公平），其内涵包括缴费政策的公平、覆盖面的公平、保障水平的公平。养老保险制度的公平性也可以界定为国家养老资源分配的公平正义。

（二）我国养老保险制度公平性的内涵

我国养老保险制度的公平性是指全体社会成员都能平等地享有养老保险权益，它的内涵包括起点公平、过程公平和结果公平，三者有机统一。

（1）起点公平的养老保险制度。起点公平是实现养老保险制度公平性的基础，只有对全体社会成员施行规则统一的养老保险制度，才能保障他们的平等权利。人的生老病死是自然规律，老有所养是社会成员享有的基本权利。实现社会成员享有公平的养老保障是社会主义社会的本质要求。因为社会主义社会是一个更加注重社会公平和实现人人全面发展的社会，所以面向全体社会成员建立统一养老保险制度，会形成一种起点公平的保障。从制度层面而言，养老保险制度的起点公平体现在制度设计要遵循公平理念，规定参保人群和参保方式在全国统一。

（2）过程公平的养老保险制度。过程公平是指制度在实施中参保人缴费、政府对养老保险资源分配的均等性状况。马克思认为分配关系是一种客观存在的不以人的意志为转移的经济关系，分配就其决定性的特点而言，总是某一个社会的生产关系和交换关系以及这个社会的历史前提的必然结果，要求在劳动分配中对所有社会成员一视同仁。在国家为全体社会成员建立了基本养老保险制度之后，按照权利与义务的对等原则，劳动者在劳动期间只有缴纳养老保险费，才可以在退出劳动领域后享受养老保障待遇。养老保险制度为全体社会成员提供了基本生活保障，使他们在遭遇老年风险面临生活困境时得到物质帮助，这就为全体老年人的基本生存能力提供了一种过程的平等。从制度层面而言，养老保险制度的过程公平体现在制度实施中要遵循公平理念，规定养老保险的缴费比例和缴费基数在全国统一。

（3）结果公平的养老保险制度。结果公平是指全体参保者享受养老保险待遇的均等性状况。按照马克思对公平的完整、有机联系的理解，它只是禀赋公平与过程公平的产物，如果禀赋公平与过程公平都很好地做到了，那么结果公平也就自然得以实现，即统一养老保险制度是一种再分配的调节手段，具有缩小城乡居民收入差距的功能，促进和实现了结果公平，即反映全体社会成员的养老金待遇水平实现公平。我国通过建立统一的养老保险制度，不但可以保障和满足全体社会成员年老时基本的生活需求，而且可以解决因养老保险制度不同带来的城乡之间、地区之间、人群之间养老保障待遇的不公平问题，真正实现养老保险制度的公平性。从制度层面而言，养老保险制度的结果公平体现在制度实现的效果或目标遵循公平的理念，规定享受养老保险待遇的年龄和保障水平要全国统一。

二、我国养老保险制度公平性的特点

（一）体现社会主义的本质

邓小平继承和发展了马克思主义理论，把科学社会主义的一般原则同中国的实际相结合，既坚持了科学社会主义的一般原则，又概括了中国特色社会主义的特殊性，指出社会主义本质是解放生产力和发展生产力的统一。公平的养老保险制度是中国特色社会主义的基础性制度安排，是与社会主义制度的发展紧密关联的。20 多年来我国养老保险制度以城镇职工基本养老保险制度为主，实行典型的收入关联型制度，制度未覆盖无收入和低收入的人群。党的十六大以后，我国城乡养老保险制度的发展围绕社会主义制度的本质要求，结合我国社会主义初级阶段的特点，基于经济发展规律和国内外社会保险制度改革的经验，实施了新型农村社会养老保险制度和城镇居民养老保险制度，2012 年底实现了城乡养老保险制度的全覆盖。目前我国城乡养老保险制度的发展方向是"全覆盖、保基本、多层次、可持续"，完全体现了中国特色的养老保险制度。"全覆盖"是由社会主义的基本性质决定的，"保基本"是由我国仍处于社会主义初级阶段的基本国情决定的，"多层次、可持续"是中国特色的制度创新。社会主义制度对公平正义的孜孜追求是制度最本质的规定，也是最终决定制度转型和定型的方向。实施我国统一养老保险制度是为了实现公平性，其灵魂是"人人享有老年基本生活保障"。未来实现统一养老保险制度既是完善社会主义制度的根本要求，是社会主义制度的重要组成部分，也是践行共享发展理念、保障和改善民生的具体体现。实现统一养老保险制度将会满足增强公平性、适应流动性、保证可持续性的要求，真正体现中国特色养老保险制度的特点，确保人人都可以获得公平公正的基本保障。

（二）以"共同富裕"为价值取向

共同富裕是马克思主义的基本追求，实现共同富裕是中国特色社会主义发展的目的，也是共享发展的目的。我国养老保险制度以追求社会公平为核心价值观，建立的初衷是保障老年人的基本生活，中国共产党在社会主义养老保险制度建设中，以"共同富裕"为价值取向，通过不断改革和发展养老保险制度，逐步扩大养老保险覆盖范围，最终实现人人享有养老保障，缩小社会成员之间的收入差距，实现社会公平正义。1953 年毛泽东首次提出"共同富裕"的概念，他指出，逐步实行农业的社会主义改造……使农民能够逐步完全摆脱贫困的状况而取得共同富裕和普遍繁荣的生活。邓小平继承和发展了毛泽东的共同富裕思想，明确指出社会主义的目的是全国人民共同富裕，不是两极分化，为了防止两极分化，国家必须维护社会公平，其中要建立和完善社会保障制度，即通过社会保障制度来缓解社会成员之间的收入分配差距。江泽民、胡锦涛多次强调共同富裕是社会主义发展的最终目的，社会主义生产力的发展是实现共同富裕的基础，通过共同富裕达到全民享有改革成果。党的十八大以来，习近平高度重视民生工作，多次发表重要论述明确"五大发展理念"，提出坚持共享发展理念，必须建立更加公平可持续的社会保障制度。党的十九大报告明确指出：保证全体人民在共建共享发展中有更多获得感，不断促进人的全面发展、全体人民共同富裕。必须始终把人民利益摆在至高无上的地位，让改革发展成果更多更公平惠及全体人民，朝着实现全体人民共同富裕不断迈进。中国共产党以"共同富裕"为价值取向不断完善和发展社会保障制度，养老保险制度是社会保障制度的重要组成部分，养老保险制度的发展依然以"共同富裕"为价值，实现统一和公平的养老保险制度，消除养老保险制度在城乡之间、地区之间和人群之间的差异，确保全体老年人享有基本保障。

（三）体现"以人为本"的原则

在马克思的人的自由全面发展的理论指导下，中国共产党的历代领导人长期以来坚持"以人为本"的原则，以"人民利益高于一切"为基本出发点，不断推进中国养老保险制度的形成与发展。在社会主义建设初期，毛泽东通过制定一系列政策和重要论述确立养老保险制度在国家中的地位与作用。1954 年颁布的《中华人民共和国宪法》规定：中华人民共和国劳动者在年老、疾病或者在丧失劳动能力的时候，有获得物质帮助的权利，国家举办社会保险、社会救济和群众卫生事业，并且逐步扩大这些设施，以保证劳动者享受这种权利，实施国家保险型的养老保险制度，以体现社会主义制度的优越性。毛泽东在《论十大关系》中强调改善集体福利会提高工人的劳动生产效率，认为社会主义初级阶段的养老保险制度要与生产力发展水平相适应，以保障和改善人民群众的基本生活。

邓小平立足我国实际情况，结合新环境的变化，在实践中不断丰富和发展了毛泽东的社会保障思想。通过对社会主义本质的论述，阐明发展经济、解放生产力，认为党和国家要切实关心人民的吃饭、就业、住房问题，建立退休制度，以解决人民生活的基本问题。以江泽民为核心的领导集体在建立社会主义市场经济体制的过程中，提出"三个代表"的重要思想，致力于改善和提高人民生活水平。在党的十五届五中全会的《中共中央关于制定国民经济和社会发展第十个五年计划的建议》中提出：要加快形成独立于企业事业单位之外、资金来源多元化、保障制度规范化、管理服务社会化的社会保障体系，为了配合国有企业的改革，1997年我国城镇企业职工基本养老保险制度率先实施社会统筹和个人账户相结合的制度模式，保障了退休职工的基本生活。2004年的《中华人民共和国宪法修正案》明确规定国家建立健全同经济发展水平相适应的社会保障制度，确立了我国社会保障基金建设的基本原则。

党的十六大以来，党中央在推进社会主义现代化的过程中，提出科学发展观、和谐社会的重要思想，积极探索建立统筹城乡的社会保障制度。在党的十七大报告中指出：必须坚持以人为本，就是要以实现人的全面发展为目标，从人民群众的根本利益出发谋发展、促发展，不断满足人民日益增长的物质文化需要，切实保障人民群众的经济、政治和文化权益，让发展的成果惠及全体人民。以习近平为核心的新一代领导集体更是坚持从"以人为本"出发，履行执政为民的理念，在党的十八大报告中把"必须坚持人民主体地位"作为新的历史条件下夺取中国特色社会主义新胜利必须牢牢把握的基本要求的第一条。他指出：我们要依法保障全体公民享有广泛的权利，保障公民的人身权、财产权、基本政治权利等各项权利不受侵犯，保证公民的经济、文化、社会等各方面权利的得到落实，努力维护最广大人民根本利益，保障人民群众对美好生活的向往和追求。习近平强调，中国共产党要时刻注意倾听人民心声，顺应民意，保障人民权利，维护社会公平正义，解决好民生问题，使学有所教、劳有所得、病有所医、老有所养、住有所居，不断实现好、维护好、发展好最广大人民根本利益，使发展成果更多更公平地惠及全体人民，在经济社会不断发展的基础上，朝着共同富裕方向稳步前进。在党的十九大报告中指出：坚持以人民为中心。人民是历史的创造者，是决定党和国家前途命运的根本力量。必须坚持人民主体地位，坚持立党为公、执政为民，践行全心全意为人民服务的根本宗旨，把党的群众路线贯彻到治国理政全部活动之中，把人民对美好生活的向往作为奋斗目标，依靠人民创造历史伟业。

中国共产党在社会主义社会建设实践中，不断继承和丰富马克思主义理论，通过不断完善和发展我国养老保险制度，以促进经济发展和维护社会公平。在全面深化养老保险制度改革中，养老保险制度从国家保险模式改革为社会保险模式；城镇养老保险制度发展为城乡一体养老保险制度；养老保障体系从单一发展为由基本保障、补充保障和慈善等构成的多层次保障体系；养老保险保障范围从城镇覆盖到农村；养老保险保障对象从就业人群到非就业人群。在养老保险制度发展历史阶段中自始至终贯彻了"以人为本"的理念，目前建立了世界最大的社会保障体系，为亿万人民生活兜底……，收入越来越高、负担越来越轻、保障越来越多……，彰显着一个政党以民为中心的执政追求，体现着一个国家念慈在慈的为民情怀。

第二节　统一养老保险制度及其性质

一、统一养老保险制度

现有研究对统一养老保险制度的概念有多种理解，第一种观点是由胡鞍钢、宋晓梧和郑功成等提出建立统一社会养老保险制度；第二种观点是城乡居民统一的养老保险制度，即新农保和城镇居民养老保险两项制度整合，由政府建立统一的最低标准的国民基础养老金制度；第三种观点是基本养老保险一体化，是指养老保险具有全民覆盖性，在宏观上实施统一管理和运营，在微观上城乡之间和地区之间的基本养老保险项目的运行模式、资金筹集模式、计发办法和调节机制趋于统一并达成一致性的制度框架，其内涵有国民覆盖、构架统一和有效衔接三个方面。统一养老保险制度的内容表现在哪些方面？有学者针对现行养老保险制度的"碎片化"现象提出城乡统一的社会养老保险制度，该制度是在充分考虑城镇和农村发展现状的基础上，建立相似的筹资方式、计发办法与管理模式，其内容包括建立城乡相对统一的养老保险制度模式和经办管理模式。另有学者认为全民统一养老保险制度是指基于公民身份、统一适用于全体公民的养老保险制度模式，这一制度以公平为目标、以全民统一为基本特征。也有研究认为统一基本养老保险制度是养老保险全国统筹的内涵，具体包括统一管理机构、统一缴费比例、统一缴费基数和统一养老金计发办法。

本书提出的统一养老保险制度是针对我国目前有差异的城乡养老保险制度，取消城乡户籍和职业身份的概念，统一按公民身份划分参保人群，在参保人群、参保方式、统筹层次、政府责任、领取年龄、保障水平实行全国统一，以实现全体国民基本养老保险权益的共享，真正实现养老保险制度的公平性。

二、统一养老保险制度的性质

统一养老保险制度是针对我国目前有差异的城乡养老保险制度，取消城乡户籍和职业身份的界定，统一按公民身份划分参保人群，建立统一的养老保险制度，该制度在参保人群、参保方式、政府责任、统筹层次、领取年龄、保障水平方面实行全国统一。统一养老保险制度的具体性质如下。

（一）社会性

马克思主义认为人类社会发展的最基本动力是生产力的发展，真正推动社会发展的主体是人民群众，人民才是创造历史的动力。人的需要决定了一切生产活动的出发点。在人类社会发展中，生、老、病、死是自然规律，每个人都要面临老年问题，为了满足其老年生活需要，就有必要建立养老保险制度。而养老保险制度属于分配范畴，是对部分剩余产品或国民收入的一种特定的分配和再分配，是一种特定的分配关系，它具有社会属性。马克思指出，在产品分配之前，它是：①生产工具的分配；②社会成员在各类生产之间的分配（个人从属于一定的生产关系）……这种分配包含在生产过程本身中并且决定生产的结构，产品的分配显然只是这种分配的结果。马克思在《共产党在德国的要求》中指出，建立国家工厂，国家保证所有的工人都有生活资料，并且负责照管丧失劳动力的人。养老保险是一项社会化的事业，任何个人和团体都无法使养老保险实现其功能的社会化。只有通过国家、政府的权威性以及立法的形式来实施，才能保证养老保险制度的统一性和公平性。建立养老保险制度的目的是满足老年人的基本生活需要，为了使养老保险制度在实施范围、管理和制度目标方面实现社会化，政府是实现养老保险制度社会功能的管理者、组织者和承担者，政府通过履行制度设计、财政支持、统一管理等职能，实现养老保险制度的统一性。

（二）共享性

一国养老保险制度的变革与社会经济发展是相适应的，我国养老保险制度的变迁经历了计划经济到市场经济的演变，现在我国正处于一个共享经济发展的时代，统一养老保险制度的共享性是指社会成员公平、有偿地共享一切社会养老保险资源，彼此以不同的方式付出和受益，共同享受经济发展带来的改革红利。通过共享实现社会养老保险资源的优化配置，这是人类文明一贯的追求。从社会经济发展历史看，共享经济理念具有闲置资源的社会化再利用和用户需求的个性化配置两大优势。共享是具有一定门槛的社会合作模式，需要一系列的配套设计。例如，2014年我国建立的全国统一城乡居民基本养老保险制度所获得的改革红利有助于降低管理服务的成本，从更长远的眼光看则有助于破除城乡二元结构，有助于促进人口的城镇化和市民化以及人口向上的社会流动，方便群众异地领取社会养老保险金（设立全国统一社会保障卡的功能）。科学与合理的养老保险制度要具有对未来变化的分享性和包容性，全国统一的城乡居民基本养老保险制度具有这样的特点。统一养老保险制度的共享性是时代赋予的新属性，也是社会成员共享社会经济发展的改革红利。实现统一养老保险制度是为了适应人口和职业流动加快的趋势，通过建立更加便捷的养老保险转移和接续机制，全面实现制度和人员并轨，增强养老保险制度的统一性。

（三）保障性

保障性是养老保险的基本属性。基于马克思关于人的需要的阐述，需要是人的本性，人类通过各种社会实践活动来满足自身的需要，每个劳动者在年轻时通过劳动参加养老保险制度，为自己年老时储备养老金，以获得老年生活的保障。养老保险制度是保障老年人群基本生活需要的一项社会经济制度。老年人的基本生活需要包含提供的保障项目应与老年人生存直接相关、提供的保障水平应限于老年人的基本生活需要费用两层含义。我国实现统一养老保险制度的目的是保障老年人群基本生活需要，为了满足全体老年人日益增长的养老保障需求，随着生产力发展水平的提高，将不断提高养老保险的待遇水平。

（四）公平性

公平性是养老保险制度追求的终极目标。按照马克思的公平理论，社会养老财富的平等分配是实施养老保险制度的基本出发点，退出劳动领域的老年人是社会弱势群体，政府举办养老保险制度是为了维护社会公平。养老保险制度是国家从社会公平出发，采取强制手段对社会资源进行再分配，为全体社会成员年老时提供基本生活保障，这是稳定社会和促进经济发展的一种基本经济制度。在现代社会中，公平是一种道德标准，公平是社会政策制定的基本依据，也是社会成员实现基本保障权利的基本准则。基本养老保险制度自产生以来，在收入再分配领域发挥着重要的调节手段，国家通过养老保险立法采取强制手段对养老保险资源进行再分配，为全体劳动者在年老后提供基本生活保障，以维护社会公平。

（五）共济性

共济性是养老保险制度的内在属性，是实现养老保险制度可持续性的目标所在。马克思和恩格斯认为资本主义保险制度具有分摊损失与补偿损失两大职能。补偿风险的保险费，只是把资本家的损失平均分摊，或者说，更普遍地在整个资本家阶级中分摊。这种基金是收入中既不作为收入来消费，也不一定用作积累基金的唯一部分，它是否事实上用作积累基金或者只是用来补偿再生产的短缺，取决于偶然的情况。养老保险是社会保险制度的重要组成部分，它是一种分散老年风险的保障机制，是集中分散的社会资金，补偿因老年风险而造成的损失，全体社会成员共同支付的养老保险费是对老年风险导致的损失予以补偿，养老保险制度的共济性越强，其抵御老年风险的能力越强。养老保险制度的共济性表现为：一方面是养老保险基金筹集的社会化，城乡基本养老保险缴费由国家、雇主和个人三方负担，并从中划出部分作为社会统筹基金；另一方面是养老保险基金营运收益的社会化，养老保险基金营运收益全部并入基金并免征税费，归全体参保人共有，而并不按个人缴费多少分享。

（六）互助性

互助性是统一养老保险制度的基本属性，是按照大数法则的原理，由全体用人单位共担劳动者的老年风险。统一养老保险制度是个人按统一的缴费比例缴纳形成的，这种统筹支付与管理充分体现了全社会的互助性原则。虽然每个用人单位的养老保险基金扣除、存储、分配和使用在数量与时效上是不相等的，但是社会统筹的养老保险基金在全社会的不同企业、行业和地区之间可以互相调剂，因此，统一养老保险基金只有实行全国社会统筹，才能充分发挥互助性的作用，统筹范围越广，统筹的层次越高，互助性效果就越好，保障的程度也就越高。我国城镇企业职工基本养老保险制度已实行省级统筹，城乡居民养老保险制度实行县级或市级统筹，一是城乡基本养老保险制度之间统筹层次不统一；二是所有基本养老保险制度的统筹层次较低，养老保险基金调剂余缺的能力较弱。因此，未来统一养老保险基金要从市级统筹发展为省级统筹，最后实现养老保险基金的全国统筹，以提高养老保险基金抵御风险的能力，实现养老保险制度的可持续性。

（七）强制性

雇主和雇员的关系是投保人和被保险人的关系，雇主有义务为雇员缴纳养老保险费，世界大多数国家强制或半强制雇主为雇员缴纳养老保险费（或税），两者的关系是基于现存的劳动关系和劳动合同而发生的。养老保险制度是强制性保险制度，其实施必须要通过国家层面的立法，这是确保制度正常运行的前提条件，通过立法采用社会统筹的方式向全社会统一征收养老保险费（税）建立全国统一养老保险制度，使城乡劳动者在遇到年老风险时其基本生活得到保障。强制性是实施统一养老保险制度的组织保证，只有这样才能确保养老保险基金有可靠的来源。目前我国企业职工基本养老保险制度和事业单位养老保险制度采取强制方式要求企业必须参保和缴费。同时养老保险基金是国家按照统一的标准和支付方式向全体劳动者发放，养老保险基金可以实行全国范围内的统一调剂使用，为了适应劳动者的流动性，城镇企业职工基本养老保险制度、机关事业单位养老保险制度、城镇居民养老保险制度和新型农村社会养老保险制度互为衔接，确保参保人在跨地区和跨制度方面的养老保险权益的实现。

第三节　养老保险制度公平性分析的理论基础

养老保险理论源于实践，而实践又以养老保险理论为指导。中外养老保险制度的理论与实践进程表明，养老保险制度安排实质是一种社会价值的选择。现代社会养老保险不仅是制度安排，还涉及整个社会经济资源的分配与社会公正、政府责任等，其成败从表面上看取决于现实制度安排与政策实践，从本质而言受一定的理论基础与价值偏好的影响。追求社会公平的独特宗旨其实是人类社会发展进步的一种必然追求与崇高理念，而近现代社会学术界从经济学、政治学、管理学等理论研究社会公平，其研究内容丰富多彩。

关于公平有其理论的渊源，从西方国家柏拉图的理想国、韦基尔"天下为公"的理想社会，到 15～17 世纪英国的莫尔、意大利的康帕内拉，再到 18 世纪法国的摩莱利、梅叶，至 19 世纪的圣西门、傅里叶、欧文，空想社会主义均揭示了社会矛盾的根源在于社会的不平等，从而主张实现社会公平、促进社会成员的协调发展，它的贡献正是现代养老保险制度最基本、最深刻的思想基础。我国古代儒家文化主张人人平等、生活幸福、社会和谐的"大道之行，天下为公"的理想社会，提出大同社会论、仓储后备论、社会互助论、社会救济论等各种社会思想，追求社会公平成为民众和思想家始终坚持的价值取向，并成为现代社会养老保险制度追求公平的理论渊源。本书分析养老保险制度公平性有以下经典理论。

一、马克思主义理论

（一）公平理论

马克思认为公平属于人类社会所追求的一个崇高的目标，马克思公平观的形成与发展是一个复杂长期的曲折的过程，它在特定的历史时期，对社会公平问题进行了阐述，他主要通过对封建专制制度与资本主义剥削制度进行批判来研究公平问题，并运用历史唯物主义的方法论，对公平问题进行认真研究和系统总结，分别在《政治经济学批判》《资本论》《哥达纲领批判》经典著作中发表了其科学的公平观。马克思公平观的主要内容如下。

（1）公平应以人为根本出发点，保障人的全面自由发展。马克思认为社会不能脱离人而存在，人的存在是一切社会的首要前提，他曾强调：人的尊严以及保障人的基本权利是属于该社会公平合理的一个非常重要的标志，因为生产力相对落后和存在着剥削制度，人的权利很难得到应有的保障，所以必须改变该不合理状况。马克思提出的公平以劳动为依据，是维持社会再生产和维护广大劳动人民利益的标尺，养老保险制度发展的宗旨是为退出劳动领域的老年人满足其基本生活的需要，以实现老年人的尊严和基本生活权利。马克思认为真正的公平社会是要实现人的全面自由发展。马克思和恩格斯指出：代替那存在阶级和阶级对立的资产阶级旧社会的，将是这样一个联合体，在那里，每个人的自由发展是一切人的自由发展的条件。其阐述表现在：一方面是劳动者在社会各个劳动领域参与劳动，各尽所能，通过劳动获得尊重和能力的全面发展，通过劳动获得参加养老保险的机会；另一方面劳动者不受社会制度和分工的约束，每个社会劳动者根据自己的特长和爱好来选择职业与工作地点。

（2）公平具有阶级性。公平属于一个历史的范畴，各个阶层追求的公平存在一定的差异性，不同人群对公平标准的理解是不同的。马克思认为公平思想属于一种历史的产物，而历史环境本身又将从前的漫长历史作为前提条件，不能将该平等观念视为永恒的真理。公平的标准随着历史的发展而变化，随着人类文明的每一次进步，当现在不公平的现象出现后就有新的公平产生和发展，其标准随历史的发展而变化。公平是由社会物质生产条件决定的，公平根据经济发展水平来确定，部分地应当根据概率论来确定，但是这些扣除根据公平原则无论如何是不能计算的。恩格斯指出：如果群众的道德意识宣布某一个经济事实，如当年的奴隶制或徭役制是不公正的，这就证明这一经济事实本身已经过时，其他经济事实已经出现，因而原来的事实已经变得不能忍受和不能维持了。这说明公平是社会分配的原则，如何实现社会公平是由社会生产关系决定的。

（3）公平具有历史性。公平的形成和发展具有一定的历史过程，人们对公平标准的认识不断发生变化，它是一个否定之否定的过程，新的公平是在否定之前公平的基础上产生和发展的。马克思指出：公平思想属于历史的产物，形成该思想观念，离不开一定的历史环境，然而该历史环境本身又将从前的漫长历史作为前提条件。因此，不能将该平等观念视为永恒的真理。同时马克思认为人们对于公平的概念不是抽象的，而是具体的，不是固定不变的，而是处于不断变化之中的。对某些群体公平，不等于对社会全体成员的公平；在部分地区公平，不等于在全国范围的公平；对一代人公平，不等于对子孙后代的公平；在部分时期公平，不等于长期都能保持公平。从马克思对公平问题的阐述中发现，公平的评价标准也具有历史性。人们以特定尺度来衡量社会公平，对社会制度公平性的评价都是和以前的制度相比较得出结论，因此评价公平的标准具有明显的主观性和差异性。

公平正义是中国特色社会主义的内在要求，中国共产党从成立以来，始终以马克思列宁主义为指导思想，在社会主义经济建设时期，坚持把马克思主义的普遍原理和我国的具体情况相结合，不断继承和发展马克思的公平观，始终将实现社会公平作为奋斗的目标之一。在中华人民共和国成立以后，毛泽东在马克思公平观的思想基础上，吸收了中国古代的一些朴素的平均思想如"大同思想"等形成了社会主义实行按劳分配的公平观，在社会主义改造阶段的实践中初步实现了公有制，采取了较为公平的分配方式。以邓小平为核心的党的领导人，创造了适合中国国情的收入分配公平观。邓小平指出社会主义的本质就是解放生产力和最终达到共同富裕，他认为生产力发达、物质丰富是实现社会公平的前提，让一部分人先富裕，再实现共同富裕，坚持"效率优先，兼顾公平"的原则。以江泽民为核心的党的领导集体坚持追求社会公平，江泽民指出：在社会主义初级阶段，必须坚持按劳分配为主体、多种分配方式并存的制度。以胡锦涛为核心的党的领导集体继续追求社会公平，为了更好地实现社会公平，提出逐步建立以权利公平、机会公平、规则公平、分配公平为主要内容的社会公平，建立健全保障体系，妥善解决财富分配公平。党的十七大提出：着力保障和改善民生，促进社会公平正义，推动建设和谐社会，将"和谐"作为当代社会主义发展的公平观。党的十八大提出：全面建成覆盖城乡居民的社会保障体系，整合城乡居民基本养老保险制度。为了进一步促进养老保险制度的公平性，党的十九大提出：完善城镇职工基本养老保险和城乡居民基本养老保险制度，尽快实现养老保险全国统筹。总而言之中国共产党在社会主义制度建设和发展阶段中，结合国情和社会经济发展目标提出了社会主义分配公平的思想，并通过养老保险制度的改革和完善缩小社会成员收入分配之间的差距，不断维护社会公平和正义，这些实践做法极大地丰富和发展了马克思的公平理论。

马克思的公平思想、立场、观点和方法是养老保险制度发展的直接理论基础与基本要求，对实现中国基本养老保险制度公平性具有重要的启示。公平是养老保险制度追求的核心理念，我国养老保险制度不公平体现在城乡之间、人群之间和地区之间存在的差异性，也符合马克思公平思想的历史性。因此，遵循马克思公平理论，在养老保险制度设计中要求全体国民享有平等的养老保障权益，维护起点公平；通过在不同群体、地区之间确定合理适度的养老保障待遇水平，实现结果的公平；真正发挥养老保险制度在收入再分配中的调节功能，只有这样才能在经济社会发展的基础上，逐步建立以起点公平、过程公平、结果公平为目标的城乡养老保险制度，才能为促进城乡社会经济发展创造稳定的社会环境。当然公平不意味着平均，而是在制度有差异性的前提下，保障每个人的机会均等，通过实现统一养老保险制度逐步缩小不同人群、行业和地区之间的差异，最终实现我国养老保险制度的公平性。

（二）社会总产品扣除理论

马克思从社会总产品分配的原理出发，阐述社会保障基金的必要性和来源。他在《哥达纲领批判》中指出：如果我们把"劳动所得"这个用语首先理解为劳动的产品，那么集体的劳动所得就是社会总产品。现在从它里面应该扣除……用来应付不幸事故、自然灾害等的后备基金或保险基金。马克思强调社会保障基金是社会总产品的一项扣除。这部分扣除是人们的剩余劳动所创造的剩余产品的一部分。他在《哥达纲领批判》中指出要对社会总产品扣除：第一，用来补偿消费掉的生产资料的部分；第二，用来扩大生产的追加部分；第三，用来应付不幸事故、自然灾害等的后备基金或保险基金。剩下的社会总产品中的其他部分是用来作为消费资料的。在把这部分进行个人分配之前，还得从里面扣除：第一，和生产没有关系的一般管理费用；第二，用来满足共同需要的部分，如学校、保健设施等；第三，为丧失劳动能力的人等设立的基金。马克思一方面指出社会保障基金来源于"六项扣除"和个人创造的剩余价值，也是社会保障对社会生产资料和生活资料的必要补偿；另一方面指出社会保障基金的扣除同生产发展基金在社会发展中同样具有重要的作用，即使在资本主义社会消灭以后的社会主义也需要建立此基金。恩格斯在《反杜林论》中也作了相应的论述，他指出劳动产品超出维持费用而形成的剩余，以及生产基金与后备基金从这种形式积累，过去和现在都是一切社会的、政治的、智力的继续发展的基础。

马克思的社会总产品扣除理论为我国加强养老保险基金管理提供了理论支持。养老保险基金是社会保障基金的重要组成部分，是保证养老保险制度正常运行的物质前提。按照马克思的"六项扣除"思想，养老保险基金对所有退出劳动领域的老年人提供基本生活保障，它来源于社会总产品的扣除，由国家通过立法确定养老保险基金的缴费比例和筹资机制及管理职责，明确政府在养老保险制度中的基本职责，国家根据社会生产力水平储备养老保险基金，不断增强养老保险基金的支付能力，积极应对人口老龄化，实现养老保险基金的供给和需求的平衡。而统一养老保险制度的重要体现是实现养老保险基金全国统筹，这将有助于促进养老保险制度的公平性，同时增强养老保险制度的互济能力。

（三）人的自由全面发展的理论

马克思和恩格斯在《共产党宣言》中指出：代替那存在着阶级和阶级对立的资产阶级旧社会的，将是这样一个联合体，在那里，每个人的自由发展是一切人的自由全面的条件。这充分说明马克思和恩格斯把每个人的自由全面发展作为人的发展和社会发展的最终目标。真正的人的发展必须是全社会的每个人的发展，而不是一部分人的或少数人的发展。恩格斯指出：把生产发展到能够满足所有人的需要的规模，结束牺牲一些人的利益来满足另一些人的需要的状况；彻底消灭阶级和阶级对立；通过消除旧的分工，通过产业教育、变换工种、所有人共同享受大家创造出来的福利，通过城乡的融合，使社会全体成员的才能得到全面发展。人的需要是在一定的社会关系条件下，通过人的自由自觉的实践活动得到的。马克思指出：在任何情况下，个人总是"从自身出发的"，但从他们的彼此不需要发生任何联系这个意义上来说他们不是唯一的，由于他们的需要即他们的本性，以及他们求得满足的方式，把他们联系起来（两性关系、交换、分工），他们必然要发生相互关系。马克思认为人的发展离不开社会，同样，社会由人组成，社会的发展也离不开人的发展，社会的全面发展是以人的全面发展为基础的，人在社会经济生活中具有双重作用，人既是生产者，又是消费者，作为生产者，人能创造财富；作为消费者，人需要消耗财富。社会发展是一个自然历史过程，人的自由全面发展同样也是一个历史发展过程。人的需要是多层次的，恩格斯在《自然辩证法》中将人的需要分为生活资料、享受资料和发展资料。只有不断满足人的这些需要，才能充分发挥人在社会生产中的积极性和创造性，而生存的需要是最基本的需要，通过建立和发展养老保险制度才能满足人的基本生存需要。建立养老保险制度是为了满足老年人的基本生活需要，每个社会成员都会经历老年阶段，政府通过建立养老保险制度满足老年人的基本生活，通过建立多层次的养老保险制度满足老年人不同的养老保障需求。

　　列宁把马克思和恩格斯的理想推进了一步，建立了第一个社会主义国家，实现了社会主义理论到现实的飞跃，开辟了人类历史的新纪元，建立了无产阶级政权，从此世界各国人民的反帝反封建的民主革命运动进入了一个新的历史时期，为人的自由全面发展创造了条件。中国共产党历届领导人继承和发展了马克思关于人的自由全面发展理论。毛泽东在《论十大关系》《关于正确处理人民内部矛盾的问题》中论述了关于工人阶级状况改善，发展人民群众物质、精神生活等思想。从社会主义本质的论述，再到科学发展观以人为本思想和当前五大发展理念，都是对社会主义初级阶段不同发展时期关于人的发展的思想的新阐释和具体化，也是马克思人的自由全面发展思想在当代中国的集中理论体现。满足劳动者的基本生活需要是建设我国统一养老保险制度的基本出发点。在我国社会主义初级阶段，因为生产力发展水平不高，所以人的自由全面发展仍然具有一定局限性。长期以来在养老保险制度设计中缺乏公平理念，没有覆盖城乡居民，使得他们的养老保障需求未能得到满足。伴随社会经济的快速发展，2009 年以来城乡居民养老保险制度从试点推广到全覆盖，加之城乡居民养老保险的意识逐步增强，对实现统一和公平的养老保险制度的愿望越来越强烈。所以必须通过加快推进统一养老保险制度的步伐，一方面满足城乡全体劳动者的养老保障需求；另一方面实现劳动者在跨地区与跨制度时其养老保险关系的顺利转移和接续，从而促进劳动者在全国范围的自由合理流动，最终实现劳动者自由全面发展的目标。

（四）城乡融合理论

马克思和恩格斯关于城乡融合的思想是一个完整的理论体系。在《1844 年经济学哲学手稿》《德意志意识形态》《哲学的贫困》《政治经济学批判》《反杜林论》等经典著作的社会发展理论中，马克思、恩格斯基于唯物史观，不仅指出了城乡之间的区别、城乡分离的根源等，还揭示了生产力和生产关系之间的矛盾。基本观点如下。

（1）城乡分离与对立具有历史性。马克思在《资本论》中指出在社会经济发展中，商品交换以分工为基础，由此产生了城市和农村。城乡最大的区别就是城市代表着较大的社会经济规模与较高的人口密度，以及城市中的人与乡村中的职业存在着不同。恩格斯也指出"文明时代"以社会分工为基础，这种城乡分离使得从事农业和工业的人有实行这种巨大分工的可能。在大城市中出现工业人口的集中，也反映了工农业发展水平还不够高，而且马克思和恩格斯认为城乡之间对立会贯穿于全部文明的历史过程。

（2）私有制是城乡对立的制度根源。马克思和恩格斯认为城乡之间的对立只有在私有制的范围内才能存在。私有制是资本主义社会的本质特征，城乡分离是人类历史上第一次真正的和最大的分工，该分工导致城乡之间的对立及其利益的对立，这种利益对立破坏了农村居民精神发展和城市居民体力发展的基础。

（3）城乡协调与融合是历史发展的大趋势。马克思和恩格斯认为未来生产力发展到一定水平后，只有建立了公有制才能消灭剥削阶级，才能消除城乡对立。而要实现城乡融合必须具备一定的物质条件和社会条件，同时马克思提出了促使城乡融合互动的措施，如工业和农业的有机结合、生产力的计划和平衡分布、城乡之间人口的平均分布等。

马克思主义关于公平分配思想和城乡"统一-对立-融合"的历史辩证法，体现了人类社会历史发展阶段中，社会分配实行公平性是人们始终追求的价值取向。受生产力发展水平的制约，出现了城市和农村的分离及对立的状况，伴随生产力水平的提高、社会主义公有制的建立，城乡融合成为社会历史发展的必然趋势，这符合人类社会演进的历史规律，其思想对实现我国城乡居民社会养老保险制度的整合具有重要的指导意义。从我国城乡社会养老保险制度发展的历史来看，早期受经济发展水平的影响，长期以来实行城乡二元经济体制，导致城乡社会养老保险制度长期分离，缺乏公平性和统一性。此外，在收入分配原则上对公平和效率进行了不同的排序，经历了计划经济时代的公平、转型经济时期的效率优先、市场经济时期的公平兼顾效率三个发展阶段。早期的保障人群只限于城镇国有企业职工、机关事业单位职工，伴随经济发展和人口结构的变化，社会养老保险制度从未覆盖城乡居民到覆盖全体城乡居民，城乡居民分离的社会养老保险制度到城乡居民统一的社会养老保险制度均体现了当今我国社会对公平价值观的追求，也符合中国特色社会主义制度发展的历史规律。

（五）社会系统理论

马克思在《德意志意识形态》经典著作中系统地阐述了社会系统的存在和发展与人类活动的关系，全面系统地分析了社会各要素、层次、结构及其产生和发展规律，揭示了人类历史发展之谜，这也是马克思唯物史观体系的形成过程，对我们科学认识社会系统存在和发展中的条件、掌握我国社会主义发展规律具有重要的理论和现实意义。马克思的社会系统论主要内容如下。

（1）社会生产是社会大系统存在的前提和唯物主义的基础。马克思针对黑格尔唯心史观提出了社会存在的前提和基础，这是一些现实的个人，是他们的活动和他们的物质生活条件，包括他们得到的现成的和由他们自己的活动所创造出来的物质生活条件。他指出人类生存、人类为了满足新的需要、人类自身的生产和社会关系的生产为历史前提。

（2）生产力和生产关系是辩证统一的关系。马克思不仅界定了生产力和生产关系各自的概念，还指出生产力决定生产关系，生产关系一定要适合生产力发展状况的规律，生产力与生产关系的矛盾是社会发展变化的根源。人们所达到的生产力的总和决定着社会状况。社会发展过程就是桎梏的旧的交往形式适应于比较发达的生产力……被新的交往形式所代替；新的交往形式又会变成桎梏并被新的交往形式所代替。马克思阐明了经济基础与上层建筑的辩证统一关系是构成社会系统的基本形态的重要思想。他指出在过去一切历史阶段受生产力所制约、同时也制约生产力的交往形式。恩格斯在晚年重点考察了上层建筑作为社会系统的另一基本要素，阐述了上层建筑的相对独立性和社会功能。

（3）社会意识是社会系统的精神方面，是社会的最高层次。马克思指出一切意识都是物质关系的产物，观念、思维、人们的精神因素交往在这里还是人们物质关系的直接产物。恩格斯在晚年提出了"合力"思想，指出社会发展中人的意识不是单一的，而是一种合力，是一个系统，无论历史的结局如何，人们总是通过每个人追求他自己的、自觉预期的目的来创造他们的历史，而这许多按着不同方向活动的愿望及其对外部世界的各种各样的作用和合力，就是历史。

马克思的社会系统论观点阐明的经济基础与上层建筑的辩证统一关系，说明在我国社会主义初级阶段，因生产力发展水平不高，所以早期在养老保险制度设计方面没有覆盖城乡居民，使得他们的养老保障需求未能得到满足，伴随社会经济的快速发展，城乡居民社会养老保险制度从试点推广到全覆盖，加之城乡居民社会养老保险的意识逐步增强，对享有统一和平等社会养老保险制度的愿望较为强烈，只有尽快推进城乡居民社会养老保险制度整合，才能满足城乡居民的养老保障需求，这充分说明了社会主义生产力发展的目的是满足人民群众日益增长的物质生活需求。

（六）两种生产理论

马克思和恩格斯基于历史唯物主义基本观点，提出关于物质资料生产和人类自身生产的理论。1884 年恩格斯在《家庭、私有制和国家的起源》中明确指出：根据唯物主义观点，历史中的决定性因素，归根结底是直接生活的生产和再生产，同时，生产又不是单一和绝对的，分为两方面：一方面是生活资料，即食物、衣服、住房以及为此所必需的工具的生产；另一方面是人类自身的生产，即种的繁衍。养老保险同物质资料的再生产和生产力的再生产有着密切关系。物质资料的再生产是养老保险制度发展的经济基础，生产力的再生产同养老保险也存在着重要的联系。马克思指出：社会的条件只能适应一定数量的人口。人的发展离不开社会，同样，社会由人组成，社会的发展也离不开人的发展，社会的全面发展是以人的全面发展为基础的，人在社会经济生活中具有双重作用，人既是生产者，又是消费者，作为生产者，人能创造财富；作为消费者，人需要消耗财富。马克思的两种生产理论不仅揭示了人类社会发展的特殊规律性，还科学地说明了人类社会发展的一般规律性。正确认识人口和社会经济相互关系具有十分重要的意义。

人口老龄化是社会文明进步的重要标志，同时会给经济增长、产业演变、文化进步、社会发展等带来一系列的影响。结合我国实际情况，针对中华人民共和国成立后出现的人口增长与经济发展速度不相适应的新的人口问题，毛泽东科学地总结了中华人民共和国成立以来的实践经验，把马克思主义普遍原理与中国的具体实际相结合，1956 年提出了要计划地控制中国人口增长问题的观点，逐步形成了适应中国国情的马克思主义人口思想。20 世纪 80 年代我国开始实行计划生育的基本国策，有效地控制了人口增长过快的局面，但是伴随经济快速增长和科技进步，人民生活水平有了显著提高，人口预期寿命也在不断提高，我国成为世界上老年人口最多的国家，也成为了一个未富先老的国家。老年人口不断增长的趋势对社会养老保险制度带来较大的支付压力，尤其在经济不能保持连续增长的新常态下，一方面要通过经济发展保障广大城乡老年人基本生活，另一方面城乡养老保险制度作为重要的社会政策要促进劳动力的再生产，同时养老保险的待遇水平与经济发展水平要协调，不能影响和阻碍社会经济的发展，要保证经济的可持续发展。

二、罗尔斯等的分配正义理论

（一）罗尔斯的分配正义理论

1971 年罗尔斯在《正义论》中强调收入分配的公平正义，认为正义是衡量社会制度的首要价值，正义是社会制度分配中的基本权利和义务，决定社会合作产生的利益划分的方式。一个社会是否公正取决于这个社会中弱势群体的生活状况。他认为完全竞争市场不能够创造和维持社会公平，必须在制度设计中保证公正的首要性，政府要在制度安排上对市场经济活动进行适当的干预与调控，缓解市场竞争造成的不公平现象。

基于罗尔斯的分配正义理论，养老保险制度保障对象是丧失劳动能力的老年人，为了保证老年人都能够有尊严地生活，养老保险制度为老年人提供基本生活保障，使其能够分享社会进步的福利。虽然大部分老年人有一定的积蓄维持老年生活，但是部分老年人可能会存在生活困难的问题，政府举办的养老保险制度首先作为一项强制性制度，能够避免有些老年人无法维持生活，这是对竞争市场机制的补充；其次养老保险制度设计具有互济功能，体现社会对弱势群体的保护。

（二）罗默的分配正义理论

罗默（2017）基于对马克思关于资本家剥削理论的补充与修订，提出资本剥削的根源在于初始分配的不平等。由于在私有制的资本主义制度下，工人不拥有生产资料，只能靠出卖劳动力维持生计，而资本家拥有丰厚的生产资料，靠剥夺工人的剩余劳动时间完成其财富积累。针对资本主义制度的弊端，为了解决社会中存在不正义的问题，罗默提出以"机会平等""应得正义""利益补偿"为核心的分配正义理论。首先，他认为公平的含义体现在每个人都能拥有公平竞争的环境，政府应该为所有成员创造一个公平的社会环境，包括政治地位和社会地位的平等，社会成员在此平等的前提下才会实现自我价值。其次，他认为正义是一种应得正义，虽然所有社会成员一样地努力，但是在实际中依然会存在非个人原因而陷入困境的人群，对这些弱势群体必然进行利益补偿。

基于罗默的分配正义理论，以瑞典为代表的福利国家实施普惠制的养老保险制度，通过建立覆盖全民的养老保险制度，实现养老保险制度的机会平等。因为每个劳动者都会面临老年风险，所以养老保险制度必须为每个劳动者提供平等的参与机会。同时因个体客观存在差异而导致养老保险待遇出现不同的结果，说明养老保险制度替代率与收入呈反向关系，即中高收入者替代率较低而低收入者替代率较高，以体现利益补偿原则。

（三）诺齐克过程公平理论

诺齐克（2008）基于权利价值视角论述再分配的意义。机会均等和程序正义是诺齐克核心思想，他不主张国家直接干预再分配，但是矫正的正义必须由国家进行干预。首先，他认为过程公平即结果公平，如果机会平等，过程平等就意味着结果是平等的；如果机会与过程是平等的，即使出现结果的不平等也无需纠正。其次，他认为确保个人权利是促进公平的主要形式。个人追求自身目标时不能违反道德约束，处置自身权利也不能影响别人权利实现。

三、底线公平理论

底线公平理论是由中国社会科学院景天魁于 2004 年提出的，该理论是构建社会保障体系的理论依据。他认为底线公平的概念界定含有六个内容和三个特征指标，六个内容为：第一，底线公平首先强调政府的责任底线，即政府责任与市场作用的边界，强调建立政府、社会、家庭和个人之间合理共担的责任结构；第二，政府责任和能力也是有限的，为此，建立一个制度结构，即区分基础部分和非基础部分，也就是由底线部分福利制度、跨底线福利制度和非底线福利制度构成多层次的福利制度体系；第三，社会政策建立的重点应关注大多数人的基本利益，优先满足弱势群体和底层群众的迫切需要，符合全社会包括富裕阶层在内的根本利益；第四，底线公平因其能够直接地改善社会福利状况，所以能够明显地收获福利改善的社会效益而成为经济发展和社会公平的结合点；第五，底线部分福利因其具有基础性、确定性和稳定性，所以有助于降低和克服福利实践及福利研究中的模糊性与随意性；第六，将公平区分为无差别的公平和有差别的公平，可以有效地增强社会包容度，协调贫富各方利益，促进社会团结。底线公平应该包括生存权利公平、健康权利公平和发展权利公平三个特征指标。目前我国基础养老金要求满足老年人的基本生活需求，体现了底线公平原则，全体社会成员享有的基础养老金具有一定的给付规则，具有确定性和稳定性。

2007 年梅哲在《构建社会主义和谐社会中的社会保障问题研究》指出底线公

平将过去消极的被动的"事后补救性"社会保障制度，转变为积极的社会保障制度，主张政府明确基本责任，积极主动地采取一切有效措施，关心困难群众的生产生活，消除两极分化，逐步实现共同富裕，以真正体现社会主义制度的本质属性。

底线公平理论既是责任理论，也是制度和机制理论。底线公平理论是社会保障制度的基本理念，是确定适度公平的基础。养老保险制度是社会保障体系的重要组成部分，底线公平理论也是养老保险制度深化改革遵循的理念，未来我国统一养老保险制度要区分政府和市场的界限，强调政府的责任底线，建立国家、企业、家庭和个人的共担责任机制。把底线公平理论作为着力解决"既保持发展活力，实现可持续发展，又能实现社会公平"的难题，推动我国养老保险制度实现全覆盖、人人共享，又与经济发展水平相适应的发展目标。

四、诺思的制度变迁理论

制度变迁理论是诺思（2008）在 20 世纪 70 年代前后，为了解释经济增长的研究受长期经济史研究的巨大推动，最终把制度因素纳入解释经济增长中来。产权理论、国家理论和意识形态理论是诺思制度变迁理论的三大基石。他的代表著作《制度、制度变迁与经济绩效》是当代制度经济学理论中的一部经典文献，其主要观点如下。

（1）制度是理解政治与经济之间的关系以及这种相互关系对经济增长影响的关键。他认为制度提供了人类相互影响的框架，它们建立了构成一个社会，或确切地说一种经济秩序的合作与竞争关系。制度是一系列被制定出来的规则、守法秩序和行为道德、伦理规范，它旨在约束主体福利或效用最大化利益的个人行为。他又指出制度是一个游戏规则，更规范地说，它们是决定人们的相互关系的系列约束。根据诺思对制度的解释，任何制度都是人与人之间的互动规则，人们在共同的社会规则下进行活动，让行为受到一定的约束，为社会交往提供确定的结构，从而使行为在人们的预定框架内进行，减少不确定性。

（2）信念是构建理解经济变迁过程之基础的关键。诺思指出对个人信念与社会背景内在关联的深入探析，将展示出用来直接解释经济变迁的一整套文化与社会制度的关联机制。他解释其原因为：在信念体系和制度框架之间存在着密切的联系。信念体系是人类处境的内在诠释，制度则是人类施加在所处环境之上达到合一结果的结构。因而，信念体系是内在诠释，制度则是这种内在诠释的外在显现。

（3）制度变迁的目的是达到某种合一的结果。诺思认为因为制度变迁对结果的影响程度与相关参与者的意图有关，所以意图和目的之间有一定的一致性。制度框架由政治结构、产权结构和社会结构组成，制度结构反映了社会逐渐积累起来的各种信念，而制度框架的变化通常是一个渐进的过程，反映了过去对现在和未来施加的各种约束。

（4）制度变迁必然受到既存制度的某种惯性的影响。诺思认为历史上的制度变迁表现出渐进的并且是路径依赖的特征。所谓路径依赖的特征是指由于报酬递增和交易费用过高，一旦制度在外部偶然性事件的影响下被社会采纳了，便会沿着一定的路径演进，进而被锁定，难以退出这条路径，而且很难为其他潜在的甚至更优的体系所代替。

诺思的上述观点表明制度可以视为一种公共产品，它是由个人或组织生产出来的，这就是制度的供给。因为人们的有限理性和资源的稀缺性，所以制度的供给是有限的、稀缺的。随着外界环境的变化或自身理性程度的提高，人们会不断提出对新的制度的需求，以实现预期增加的收益。当制度的供给和需求基本均衡时，制度是稳定的；当现存制度不能使人们的需求满足时，就会发生制度的变迁。制度安排指的是支配经济单位之间可能合作与竞争的方式的一种安排。制度安排旨在提供一种使其成员的合作获得一些在结构外不可能获得的追加收入，或提供一种能影响法律或产权变迁的机制，以改变个人或团体可以合法竞争的方式。

任何制度都有特定的使命和目标，养老保险是社会保险制度的重要制度，是基于社会公正、追求社会公平的制度安排。该制度的设计合理会影响未来制度的公平性和可持续性，科学合理的制度会使社会秩序更加有序。养老保险是政府通过立法为老年人提供基本生活保障的基本制度。它是社会成员为了应对丧失劳动能力或与生产资料分离后由政府提供确保其基本来源的一种制度安排。这种制度安排既包括正式制度，即国家或社会提供的养老保险，也包括非正式制度，如传统的家庭养老。早在农业社会，家庭养老是主要的方式，随着生产社会化、工业化的不断发展，以及家庭结构的变化，家庭养老的功能将逐渐弱化，社会化的养老保障将成为未来养老保障的发展趋势，正如马克思所指出的，随着人类由农业社会进入工业社会和后工业化社会，家庭赡养功能就慢慢脱离家庭而社会化。

五、福利经济学理论

福利经济学分为旧福利经济学和新福利经济学。旧福利经济学起源于杰里米·边沁的功利主义原则。边沁在《政府片论》中指出：最大多数人的最大幸福就是正确与错误的衡量标准，他认为如果利益有关者是一般的共同体，那就是共同的幸福。如果是一个人，就是这个人的幸福。在功利主义的影响下，1920年英国经济学家庇古的《福利经济学》问世，他认为国民收入总量越大，社会经济福利越大；国民收入分配越均等化，社会经济福利也就越大。增进全体国民福利有两个途径：一方面要增加国民收入总量，另一方面国家应该通过税收及补贴的方式调节国民收入分配均等化，实现社会资源最优配置。20世纪30年代以后批判庇古福利经济学建立起来的福利经济学称为新福利经济学，代表人物有英国经济学家罗宾斯、卡尔多、约翰·希克斯，美国经济学家萨缪尔森等。罗宾斯主张用帕累托标准评价经济制度改革，强调福利是所有社会成员的福利，反对"劫富济贫式"的济贫方式；卡尔多将"虚拟的补偿原则"引入检验社会福利的标准；约翰·希克斯认为社会政策的改进虽然是一部分人福利的增加同时另一部分人福利的减少，只要政府的一项经济政策从长期来看能够提高全社会的生产效率，尽管在短时间内某些人会受损，但经过较长时间以后，所有人的情况都会由于社会生产率的提高而"自然而然地"获得补偿。美国经济学家萨缪尔森等提出了社会福利函数理论，认为实现社会福利最大化除了要满足交换生产实现帕累托最优，还必须实现福利在个人之间的合理分配。经济效益是福利最大化的必要条件，合理分配是福利最大化的充分条件。

福利经济学为福利国家养老保险制度的建立提供了重要的理论依据，对当前我国统一养老保险制度模式设计具有重要的借鉴意义。养老保险制度是通过国民收入再分配功能来实现公平性的。首先，养老保险制度的本质是追求社会公平，政府通过强制征收养老保险费建立公共养老保险基金，实现劳动者个人在不同劳动时间段的收入再分配调节，实现个人在收入和消费之间的相对公平；其次，养老保险在不同收入人群中具有再分配效应，通过国家财政转移支付及不同替代率的设计提高低收入者的收入水平，实现在职劳动者和退休人员之间收入的相对公平性。

第四节　养老保险制度公平性实现的模式及其推进路径的框架分析

一、养老保险制度公平性实现的模式

养老保险制度产生已有100多年的历史，各国养老保险制度在实践发展中，因社会制度、经济发展水平、人口结构、政治体制、文化传统不同形成了不同模式的养老保险制度，这些制度模式因国情不同在覆盖范围、筹资方式、待遇支付水平上虽然存在一定的差异，但对稳定社会和促进经济发展发挥了重要作用。在国际上将养老保险制度从筹资模式划分为现收现付制、基金制和部分积累制三种；从制度模式分为国家福利型、投保资助型、强制储蓄型、国家保险型四种，每个模式具有的公平性各自不同。

（一）养老保险制度模式和特点

（1）福利国家型。这是与收入不关联的养老保险制度。1945年英国建立世界

上第一个福利制度，它是以贝弗里奇的社会保险理论为依据，贯彻公平性、普遍性和统一性的原则，国家通过征收社会保障税的形式，实行"均一制"的给付水平，全民享有从"摇篮到坟墓"的社会保险待遇。这种模式的代表国家有英国、瑞典及其他北欧国家。伴随发达国家经济发展滞缓和财政负担的加重，为了应对人口老龄化，世界银行提出由基本养老保险制度、补充养老保险制度和个人储蓄型养老保险制度构成的三支柱养老保险体系。福利国家型的养老保险制度的公平性体现在男女之间的公平、工作者和非工作者之间的公平、代际的公平。然而因为该制度只强调公平忽略了效率，所以制度存在互济性较差、部分人群因缴费能力不足不能享受待遇等不公平的问题。

　　（2）社会保险型。这是与收入相关联的养老保险制度。1883年德国创立世界上第一个社会保险制度，它以德国俾斯麦的理论为依据，坚持效率兼顾公平的原则，由国家、企业和个人三方负担保险费用，强调权利和义务相对等，待遇水平与个人收入相关联，其体系包括法定养老保险、企业养老保险和私人养老保险三部分，其中法定养老保险是德国养老保险制度的主体，社会养老保险管理实行自治管理模式，均受到国家的监督。社会保险型的养老保险制度的公平性体现在覆盖面广和养老金待遇较高，基金制筹资模式促进了代际的负担公平，统一的养老保险管理体制保障了群体和区域之间领取养老金的公平性。该制度也存在公平性不足的问题，例如，政府负担较重，养老保险体系较为单一，养老保险水平达不到公平性的要求，提前退休者和在职者之间的养老金水平差距较大。

　　（3）强制储蓄型。这是与收入相关联的养老保险制度。早在20世纪50年代新加坡建立了适合本国经济和文化的中央公积金制度，该制度是为了实现劳动者"居者有其屋"的目标，以达到社会稳定和经济发展，公积金由企业和劳动者个人缴费，基金由国家统一管理，坚持效率原则。在20世纪80年代以智利为代表的拉丁美洲国家，实行养老保险制度改革的私营化，即政府通过法律使劳动者在职期间为养老进行强制性个人储蓄，由养老金管理机构进行投资经营，通过资本市场的运作使养老保险基金增值，从而有效地为劳动者退休后的生活提供经济保障。它是由国家立法，强制劳动者个人缴费，贯彻效率原则，但是这种制度不具备再分配和互助互济功能。智利养老保险实行私营化管理，即政府实施立法和监控，民营机构具体操作，个人账户强制储蓄，雇主不缴费，政府承担最终风险，养老金的投资运作由养老金管理公司负责。强制储蓄型养老保险制度的公平性在一定程度上休现机会均等和结果公平，但是存在养老保险保障水平不高、忽视公平性和不能体现互济性、国民之间的养老金差距较大的问题。

　　（4）国家保险型。这是与收入相关联的养老保险制度。它是以公有制为基础，坚持公平性的原则，与高度集中的计划经济体制相适应，由政府统一包揽并给予暂时和永久丧失劳动能力的社会成员提供保障的一项制度，其理论依据是马克思的社会总产品分配理论，由苏联创举并被东欧国家、蒙古、朝鲜、中国所采用。国家保险型养老保险制度的公平性在一定程度上体现了部分劳动者的起点和结果公平，但是存在政府或企业负担较重和缺乏效率的问题。近几年来，伴随着这些国家经济体制和政治体制的变革，国家保险型的养老保险制度基本已经不存在。

（二）养老保险制度的筹资模式和特点

（1）现收现付制。现收现付制是以短期横向基金收支平衡为原则的筹集模式。养老保险制度建立初期大部分国家采取此种模式，其特点是充分运用大数法则原理，能够发挥养老保险的互助共济和风险共担的功能。该筹集模式适用于一个国家人口结构相对比较稳定，即在职劳动者与退休者之间的比例较为均衡，它体现公平原则，但是此模式下的养老保险基金没有积累，难以应对人口老龄化对基金的需求。

（2）基金制。又称为完全积累制，它是以远期纵向平衡为原则的筹资模式。这种筹资模式要求劳动者从参加工作开始按工资总额的一定比例定期缴纳养老保险费，先积累后消费。当劳动者达到规定领取条件时，一次性领取或按月领取保险金。这种模式具有较强的激励和储蓄功能，体现效率原则，能够应对人口老龄化对养老保险基金的需求，但它不具有互助共济和风险分担功能，对养老保险基金的管理水平要求较高，面对通货膨胀，养老保险基金可能会出现贬值的风险。

（3）部分积累制。也称为部分基金制，是将现收现付制与完全积累制有机结合形成的一种养老保险基金筹集模式。它吸纳了两种模式各自的优点，将养老保险基金的一部分采取现收现付方式，保证当期基金的收支平衡；另一部分采取积累方式以满足个人未来支付需求，体现了公平兼顾效率。部分积累制的最大特点是在该模式下社会养老保险基金当年收支是不平衡的，但长期来看应是平衡的，该模式既有统筹互济功能，又有激励和储蓄功能。目前我国城镇企业职工基本养老保险制度实行的"统账结合"是部分积累模式。

（三）养老金的多支柱模式

1. 世界银行的多支柱模式

伴随人口老龄化和养老金财政支出压力增大，目前世界发达国家采用"多支柱"的养老金模式，具体分为"三支柱"和"五支柱"养老金模式。

（1）"三支柱"养老金模式。世界银行在1994年发表的《防止老龄危机——保护老年人及促进增长的政策》中首次提出了"三支柱"的概念，第一支柱是由政府举办的公共养老金，采取强制方式，坚持公平原则，目标是缓解贫困；第二支柱是企业补充养老金，采取自愿方式，坚持效率兼顾公平原则，目标是提高保障水平；第三支柱是个人储蓄养老金，体现效率原则，目标是提高保障水平。"三支柱"养老金模式具有储蓄功能、再分配功能和保险功能（表2-1）。

表2-1　世界银行"三支柱"养老金模式

	第一支柱 公共养老金	第二支柱 企业补充养老金	第三支柱 个人储蓄养老金
举办主体	政府	企业	个人
资金来源	政府、雇主和雇员	雇主和雇员	雇员
筹资模式	现收现付制	基金制	基金制
实施方式	强制	自愿	自愿
目标	缓解贫困	提高保障水平	提高保障水平
原则	公平	效率兼顾公平	效率

（2）"五支柱"养老金模式。在世界银行的建议下许多国家推行"三支柱"模式，然而在实践中面对低收入的人群和流动人口，实施强制性养老保险制度将许多劳动者排斥在制度之外，失去了养老保障的目的，于是2005年世界银行在《21世纪的老年收入保障——养老金制度改革国际比较》中将先前的"三支柱"模式扩展为"五支柱"模式。在"三支柱"基础上增加了非缴费型的零支柱和非正规保障形式的第四支柱，零支柱是以消除贫困为目标的来自财政转移支付的基本支柱；第四支柱是非经济支柱，包括较为广泛的社会政策，如家庭赡养、医疗服务和社会政策等，目的是保障社会成员的基本生活。"五支柱"养老金模式既保障了制度外的弱势群体，也调动了社会力量参与养老保险的积极性（表2-2）。

表2-2　世界银行"五支柱"养老金模式

	零支柱 国民养老金	第一支柱 公共养老金	第二支柱 企业补充养老金	第三支柱 个人储蓄养老金	第四支柱 非正规的保障
举办主体	政府	政府	企业	个人	社会
资金来源	政府	政府、雇主 雇员	雇主和雇员	雇员	社会
筹资方式 实施方式	财政转移支付	现收现付制 强制	基金制 自愿	基金制 自愿	经济或非经济 强制（社会政策）
目标	消除贫困	缓解贫困	提高保障 水平	提高保障 水平	基本保障
原则	公平	效率 兼顾公平	效率兼顾公平	效率	公平

2. 国际劳工组织的四层次模式

国际劳工组织认为各国的养老保险制度可以视不同的经济、政治、人口、环境灵活多变，并在世界银行三层次养老保险体系的基础上提出了四层次养老保障模式，第一层次是低生活标准，第二层次是代际再次分配，第三层次是个人生命周期的收入分配，第四层次是增加个人储蓄，如图2-1所示。

第四层次	增加个人储蓄
第三层次	个人生命周期的收入分配
第二层次	代际再次分配
第一层次	低生活标准

图 2-1　养老金四层次模式图

3. 国际货币基金组织的三级模式

国际货币基金组织强调了政府在养老保险制度中所扮演的重要角色，政府提供良好的政治、经济等外部环境，有利于制度的可持续性，包括实施有效的监管、提供充足的财政基础。国际货币基金组织还认为，成功的养老保险制度应同时达到化解老年贫困风险、平滑个人生命周期的支出、防范长寿风险的目标，而各国的社会经济环境各不相同，因此应因地制宜，制定不同的养老保险制度。据此观点提出了三级养老保障模式：第一级是强制性的以扶贫为目标的养老金；第二级是平滑一生消费的养老金，其存在的形式灵活，既可以是现收现付制也可以是基金制，根据需要进行选择；第三级是资源的养老金储蓄，采用基金制，满足高层次的需求（图2-2）。

第三级	资源的养老金储蓄
第二级	平滑一生消费的养老金
第一级	强制性的以扶贫为目标的养老金

图 2-2　养老金三级模式图

4. 经济合作与发展组织的三支柱模式

经济合作与发展组织（Organization for Economic Co-operation and Development，OECD）认为各国应因地制宜，建立适合自己的养老保险制度，并据此提出了三支柱养老保险模式：第一支柱的财务制度采用现收现付制，起到反贫困的作用，由国家立法施行，公共部门经办；第二支柱的财务制度采用完全积累制，强制性施行，私营部门经办；第三支柱的财务制度采用完全积累制，自愿参加，私营部门经办。通过建立三支柱养老体系，来达到降低养老风险的目的，更好地平衡代际负担分布（图2-3）。

第三支柱	完全积累制，自愿参加，私营部门经办
第二支柱	完全积累制，强制性施行，私营部门经办
第一支柱	现收现付制，由国家立法施行，公共部门经办

图2-3　养老金三支柱模式图

（四）养老保险管理体制模式

（1）政府直接管理模式。它是由政府主导实施一般的日常监督和管理。由政府负责制定养老保险相关政策和法令、检查与监督各项政策措施的具体实施情况，并负责养老保险基金的筹集、支付和保值增值等具体业务管理。例如，英国由社会保障部门统一管理社会养老保险，社会保障部门内部设政策规划局、法律事务局和财务管理局等三个行政管理机构。在各地区设社会保险局，在县市设国民保险办事处，从中央到地方形成一个严密的管理网络。由中央政府部门对分权机构实施政策指导和日常监督，授权公共事务机构进行操作。

（2）政府和社会公共机构共同管理模式。它是由政府负责立法和监督，具体各项事业由社会公共机构负责管理。社会公共机构以雇主和劳动者为主体，政府发挥监督作用，实现具休业务与立法监督分别管理。例如，德国是政府和社会公共机构共同管理模式的代表国家，德国在各州设立了针对工人的养老保险机构，还设立了专门针对铁路雇员、海员和矿工的养老保险机构。由德国联邦统一制定和颁布社会保障相关法律，日常行政管理工作由联邦政府社会事务部负责。联邦劳动和社会部是社保的最高行政机关，负责养老保险的立法和监督工作。

（3）工会管理模式。它是指养老保险由工会联合会负责管理，在各级工会设立养老保险机构，鼓励工人代表参加和管理养老保险。采取这种管理模式的国家需要有强大的工会力量。瑞典、丹麦以及一些东欧国家曾采取工会管理模式。

（五）我国养老保险制度的改革模式

针对我国城乡分割和"碎片化"的养老保险制度，现有研究认为养老保险制度模式分以下几类。

（1）非供款型养老保险制度模式。面对人口老龄化加剧的趋势，我国为了满足广大农村居民对社会养老保障的需求，借鉴国外发达国家养老保险制度的经验，针对新型农村社会养老保险制度存在财政补贴可持续的问题和许多贫困家庭没有能力参加保险的情况，建立非供款型养老保险制度，实施城乡老年津贴制度，其目的是提高居民的现实消费力，减少老年人及其家庭的贫困，促进农村经济发展。

（2）"大一统"的养老保险模式。针对我国养老保险制度的"碎片化"状况，要打破传统的城乡户籍限制以及职业限制，就应该构建"大一统"的模式，基于全国公民身份建立单一的养老保险模式。

（3）整合型的养老保险模式。瑞典基于养老福利的普遍性，通过整合多种养老保险制度，在1998年建立了多层次和多支柱的养老保险制度，满足了不同职业人群的养老保障需求，实现了养老保险制度的公平性。我国实现养老保险制度整合，要分流社会统筹资金和个人账户资金，建立三支柱的保障体系，兼顾国家、企业和个人的责任；推进城乡养老保险制度的渐进整合，建立"三位一体"社会养老保险体系，实现城乡一体化，确定公平合理的转移和接续办法与补差标准，提高保障水平。尽快打破养老保险"碎片化"的制度格局，将现存的五大制度整合为以企业职工基本养老保险、机关事业单位养老保险和城乡居民养老保险为核心的养老保险体系。

（4）城乡一体化的养老保险模式。在我国统筹城乡经济发展中，加快健全农村社会养老保险体系，积极推动城乡一体化社会养老保险发展的步伐，构建由政府、家庭、社区养老相结合的三维养老模式，通过制度构建以及基层公共服务体系的完善来解决农民特别是留守老人的养老问题。

（5）国民养老金制度。建立健全全民共享的国民养老金制度是世界各国养老保险制度发展的趋势，基于世界银行"五支柱"模式，整合城镇企业职工和有固定劳动关系农民工的社会养老保险制度，建立城乡职工社会养老保险制度；整合城镇居民和农村居民的社会养老保险制度，建立城乡居民社会养老保险制度，在此基础上将机关事业单位养老保险制度、企业职工基本养老保险制度和城乡居民养老保险制度三类进行整合建立国民养老金制度（汤兆云和张赛群，2014）。

养老保险是国家提供的准公共产品，具有一定的历史性和阶段性，公平的标准随着历史的发展而变化，随着人类文明的每一次进步，当现在不公平的现象出现后就有新的公平产生和发展，其标准随历史的发展而变化，公平是由社会物质生产条件决定的，根据不同阶段的生产力发展水平满足劳动者的养老需求，我国城乡基本养老保险从多元制度并存最终实现制度统一，既符合基本养老保险制度的发展规律，也符合马克思的公平思想。

我国现行的城乡居民养老保险、企业职工基本养老保险和机关事业单位养老保险均是收入关联型的养老保险制度，虽然体现了效率优先的原则，但是这三种养老保险制度在全国的政策不统一，导致人群之间、地区之间存在较大差异，影响了养老保险制度的公平性。养老保险制度的模式变化与一国经济发展水平、人口结构、经济体制的转变是同步的。我国养老保险制度模式从计划经济时代的国家保险型转变为市场经济时代的社会保险型，筹资模式从现收现付制转变为部分积累制，养老保险制度模式变化是为了实现更加公平。

为了消除现行养老保险制度在城乡之间、人群之间、地区之间的差异，统一养老保险制度遵循公平优先的原则，按公民身份参加养老保险制度，养老保险基金征缴实行全国统筹，养老保险制度设计在缴费比例、缴费基数、领取年龄、待遇水平上实行全国统一政策，真正体现养老保险制度的起点公平、过程公平和结果公平（图 2-4）。

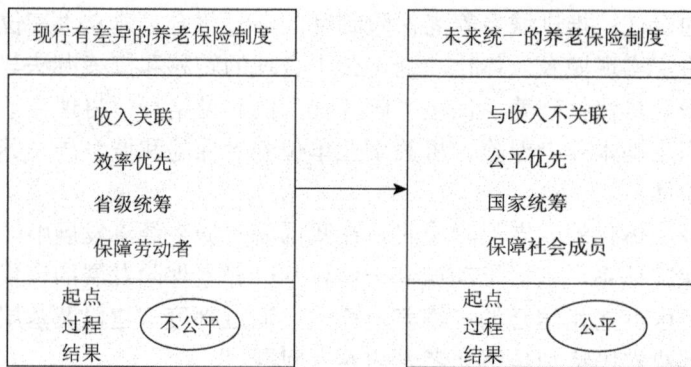

图 2-4　我国养老保险制度公平性实现的模式

二、实现我国统一养老保险制度的路径

经济发展是养老保险制度的物质基础，在不同经济发展阶段养老保险制度采取不同模式，不同模式的养老保险制度体现了一定的公平性，未来建立统一养老保险制度是为了实现更加公平的目标,对此国内学者针对我国现行城乡二元和"碎片化"的养老保险制度提出分阶段改革养老保险制度。

（1）两阶段发展。城乡养老保险制度融合可分为两个阶段，第一阶段（2008～2015 年）从"相互分立"转变为"制度统一、标准有别"；第二阶段（2015～2030 年）"制度统一、标准有别"转变为"城乡一体化"。建立国民养老金制度也分为两个阶段，第一阶段（2015～2020 年）整合城乡养老保险制度，即整合城镇企业职工和固定劳动关系农民工的社会养老保险制度，整合城镇居民和农村居民社会养老保险制度，推行机关事业单位养老保险制度；第二阶段（2020~2030年）建立国民养老金制度，借鉴欧盟经验，基础养老金由政府补贴和个人缴费，个人持有"一卡通"，国民养老金制度具有便携性和衔接性。

（2）三阶段发展。通过三步走的发展思路实施城乡基本养老保险制度的统一。我国养老保险制度的改革应坚持公平正义与共享的原则，现阶段应通过三步走战略来消除机关事业单位与城镇居民养老保险制度之间、城乡之间的制度差异，最终实现城乡统筹。具体三步走的规划思路有：第一步为新农保和城镇居民基本养老保险的一体化；第二步为城乡居民基本养老保险与城镇职工基本养老保险的一体化；第三步为机关事业单位基本养老保险与城镇职工基本养老保险的一体化，目前我国已经出台了相关政策要求各地落实第二步和第三步的任务。也有学者提出第一步（2009~2012年）建立多层次的覆盖国民的基本养老保险体系，目前已实现；第二步（2013~2020年）逐步衔接城乡居民养老保险制度，实施城乡老年津贴制度；第三步（2021~2050年）统筹城乡基本养老保险制度形成国民基本养老保险制度。首先建立统一的城乡居民基本养老保险；其次将机关事业单位养老保险制度整合到城镇职工基本养老保险制度中，实现城乡养老保险制度衔接；最后实现全国统一的社会养老保险制度。

中国共产党在养老保险制度建设过程中，结合国情分别提出"分步走"的战略思想。毛泽东提出"两阶段"的发展观，将社会主义社会发展分为不发达和比较发达两个阶段，这种划分有助于养老保险制度的建设与完善。邓小平结合社会主义本质，提出"三步走"战略来改善民生问题。第一步是解决人民的温饱问题；第二步是在20世纪末人民生活达到小康水平；第三步是在21世纪中叶，人民生活比较富裕，基本实现现代化。江泽民提出新三步走的战略，第一步是2010年人民的小康生活更加宽裕；第二步是2020年全面建成更高水平的小康社会；第三步是21世纪中叶实现现代化，全国人民都能过上比较富裕的小康生活。胡锦涛不仅遵循以前"分步走"的经验，还拓宽和细分了社会保障的相关内容。以习近平为核心的领导集体继续坚持"分步走"的发展思路，强调了社会主义初级阶段的重要性。中国共产党历届领导人"分步走"的战略思想为我国养老保险制度的发展提供了理论依据。

结合我国社会经济发展的实际情况，养老保险制度公平性需要分阶段逐步来实现。因为经济发展水平是养老保险制度发展的前提条件，养老保险制度发展要和经济发展水平相协调，所以要实施三步走的发展思路，即第一步整合城乡养老保险制度，第二步衔接城乡养老保险制度，第三步实现全国统一的养老保险制度。同时实现我国养老保险制度公平性需要政府遵循公平理念，从顶层设计统一养老保险制度，通过不断完善现行养老保险政策和采取配套措施才能实现养老保险制度公平性（图2-5）。

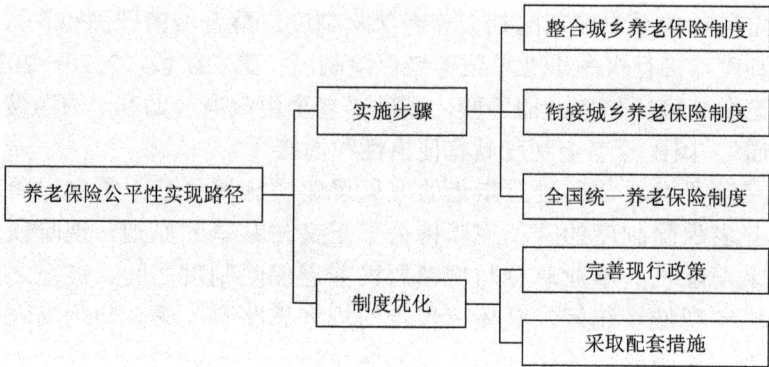

图 2-5　我国养老保险制度公平性实现的路径

第三章　我国养老保险制度公平性现状分析

中国养老保险制度发展经历了从城镇企业养老保险制度到农村养老保险制度，覆盖范围从有收入人群到没有收入的城乡居民，表明我国养老保险制度正逐步向更加公平的目标努力。本章回顾我国城乡养老保险制度的发展阶段及其公平性特点，分析目前养老保险制度公平性存在的问题和原因。

第一节　城乡养老保险制度发展历史

一、城镇养老保险制度发展阶段和特点

城镇基本养老保险制度是国家通过颁布法律和法规，为解决城镇劳动者在达到国家规定的解除劳动义务的劳动年龄界限，或因年老丧失劳动能力退出劳动岗位后的基本生活而建立的一种社会保险制度。城镇基本养老保险制度是城乡二元分割的背景下针对城镇户籍人员设立的养老保险制度，包括机关事业单位养老保险制度、城镇企业职工基本养老保险制度（简称职保）以及城镇居民养老保险制度（简称城居保）。我国城镇基本养老保险制度的发展经历了以下六个阶段。

（一）创立阶段（1951~1965 年）

中华人民共和国的基本养老保险制度起源于 20 世纪 50 年代，当时是在城乡二元经济结构背景下实行了城乡分割的基本养老保险制度。1951 年中央人民政府政务院颁布的《中华人民共和国劳动保险条例》明确了城镇企业职工的社会养老保险制度，该条例规定如下。①覆盖范围：规模在 100 人以上的城镇所有企业及其职工，机关事业单位员工。②经费来源：企业和国家负担，个人不缴费。③筹资模式：现收现付。④养老金待遇：领取养老金的资格是达到法定退休年龄和工龄满 10 年，养老金与工龄和工资挂钩。1955 年国务院颁布的《关于国家机关工作人员退休处理暂行办法》等法规建立了国家机关和事业单位工作人员退休制度，该项制度的建立标志着城镇企业职工和机关事业单位职工实行不同的退休制度，这也是当前城镇养老保险"双轨制"的开始。机关事业单位养老保险制度的政策规定如下。①覆盖范围：国家机关和事业单位工作人员。②资金来源：财政拨款，

个人不缴费。③领取待遇的资格条件：法定退休年龄、工作年限和参加工作时间及身体状况，不同工作年限有不同的养老金待遇，离退休人员享有政治待遇和生活待遇。

此阶段养老保险制度的特点是我国城镇基本养老保险制度是为了适应计划经济体制而建立的，采用国家保险模式，由国家和企业承担一切费用，个人不缴费，该制度体现公平原则，保障对象主要为全民制企业职工和机关事业单位公职人员。从养老保险制度的公平性而言，只是对部分人群的公平，并不代表对全部人群的公平性，对其他城乡劳动者而言当时的养老保险制度在起点、过程和结果三方面均为不公平，在制定养老保险制度时政府责任和公平理念的缺失，导致养老保险制度在城乡之间、人群之间缺乏公平性。

（二）停滞阶段（1966～1977 年）

1966 年我国进入了"文化大革命"时期，在这期间，社会经济秩序处于不正常状态，国家正常的企业职工退休制度遭到严重破坏。依据 1969 年财政部颁布的《关于国营企业财务工作中几项制度的改革意见（草案）》的决定，原企业职工退休养老保险费用支出由企业单位自己承担，全国性和社会性的劳动保险蜕变为"企业保险"。此阶段养老保险制度的特点是养老保险费用改为企业营业外支出，个人不承担缴费，养老保险不再实施统一筹划，由各自企业单位承担，一方面养老保险丧失了统筹调剂功能和降低了抗风险能力；另一方面养老保险支出加重了企业的负担。机关事业单位的养老保险制度仍由国家财政负担一切费用。

（三）恢复阶段（1978～1983 年）

1976 年"文化大革命"结束以后，许多工作和制度得以恢复，我国进入以经济建设为主的新历史发展时期。1978 年颁布《国务院关于安置老弱病残干部的暂行办法》和《国务院关于工人退休、退职的暂行办法》，标志着我国退休制度的恢复和重建。1980 年颁布《国务院关于老干部离职休养的暂行规定》，明确了离休和退休两个制度之间的差异。此阶段养老保险制度的特点是我国实行企业职工养老保险和机关事业单位养老保险"双轨制"，企业职工养老保险仍由企业负担费用，伴随企业经营状况的不稳定，企业负担越来越重，企业之间的不公平现象较为明显。

我国 20 世纪 80 年代前的基本养老保险制度可称为国家养老保险模式，适应当时我国计划经济体制，体现了社会主义制度的优越性，劳动者不缴费，养老保险经费支付由政府或企业承担。该制度是与劳动者就业相挂钩的单位保障。国家机关、事业单位工作人员的退休制度与企业职工的退休制度处于并行格局，各自具有法律规范，缺乏统一性，工人和干部的养老保险存在较大的待遇差别。因为这种制度是单位保障和封闭运行，所以严重阻碍了劳动力在不同部门和行业之间的合理流动，同时加重了政府和企业的负担。从养老保险制度的公平性来看，城镇劳动者在起点和过程是公平的，但在结果是不公平的。养老保险制度在城镇劳动者之间和城乡居民之间存在不公平。

（四）改革探索阶段（1984～1994 年）

为了配合国有企业改革，1984 年我国在广东省、四川省、江苏省和辽宁省等地开展了城镇企业职工养老保险社会统筹试点，将原来的"企业保险"转变为社会统筹，实行退休费用在一定范围内统一征收、统一管理、统一调剂。国务院又批准铁路、邮电、电力、水利、建筑五个部门实行养老保险行业统筹。1986 年国务院颁布《国营企业实行劳动合同制暂行规定》，该规定要求企业按劳动合同制工人工资总额的 15%缴纳养老保险费用，工人不超过本人工资的 3%缴纳养老保险费用。1993 年十四届三中全会通过《中共中央关于建立社会主义市场经济体制若干问题的决定》，明确提出建立社会统筹和个人账户相结合的企业职工基本养老保险制度，为今后我国社会养老保险制度的改革指明了方向。

此阶段养老保险制度的特点是以城镇企业职工为保障人群，部分省市积极开展了养老保险社会统筹模式的有益探索并获取较好的经验，这种渐进性的改革为国家出台统一的基本养老保险改革方案提供了实践经验。对城镇企业职工而言基本养老保险实现了制度的统一，实现了养老保险制度的起点、过程和结果的公平。但是养老保险制度存在着地区差异，从全国范围来看，养老保险制度在城镇劳动者之间和城乡居民之间存在不公平。

（五）企业职工统账结合的社会养老保险制度阶段（1995～2008 年）

为了推进国有企业改革的力度，1995 年国务院出台《国务院关于深化企业职工养老保险制度改革的通知》，确定了全国企业实行统账结合的养老保险制度，实现了养老保险从单位保障向社会保障的制度创新，成为我国养老保险制度划时代的改革里程碑。社会统筹与个人账户相结合的养老保险制度模式体现了效率兼顾公平的原则，多元筹资减轻了国家负担，有利于促进劳动者的合理流动。根据 1997 年和 1999 年的相关政策规定，我国城镇企业职工基本养老保险制度基本确立并开始运用，具体的政策内容包括以下几个方面。①覆盖范围：城镇国企、集企、外企、私企及其职工，实行企业化管理的事业单位及其职工，个体工商户以及自由职业者。②缴费比例：企业缴纳养老保险费 20%，个人缴费 8%，个体工商户、自由职业者的缴费全部由自己承担，缴费比例一般为 18%。③筹资模式：采用部分积累制，分为统筹账户和个人账户两部分，个人账户是由个人缴费，其资金可以继承。④基金管理：养老保险费由税务机关代征，实行基金收支两条线和省级统筹及属地化管理。⑤待遇领取：个人缴费年限累计满 15 年，退休后按月发给基本养老金。

我国事业单位养老保险于 20 世纪 90 年代在一些地区进行改革试点，在 1999 年底，全国 28 个省市展开了机关事业单位养老保险制度改革的试点工作。2000 年发布的《国务院关于印发完善城镇社会保障体系试点方案的通知》对改革机关事业单位养老保险办法做了一些说明，2005 年通过了《中华人民共和国公务员法》，2008 年国务院决定在山西省、上海市、浙江省、广东省和重庆市进行事业单位工作人员养老保险制度改革的试点工作，与事业单位分类改革配套推进。但是长期以来机关事业单位养老保险与企业职工养老保险"双轨制"的运行，致使近几年来企业职工和机关事业单位职工在养老金待遇水平上的差距越来越大，这种因制度设计不同而带来制度间的不公平问题引起了全社会的高度关注。

此阶段我国养老保险制度的筹资从单一责任发展为多方责任，城镇企业职工基本养老保险制度的公平性得到了改善，然而城乡养老保险制度依然存在着体系不完善、制度发展不均衡和政策差异性的问题，养老保险制度在人群之间、区域之间和城乡之间依然存在差异。

（六）覆盖城乡居民的养老保险阶段（2009 年至今）

2009 年人力资源和社会保障部（简称人社部）与财政部发布了《城镇企业职工基本养老保险关系转移接续暂行办法》，规定参加城镇企业职工基本养老保险的所有人员（包括农民工）跨省流动就业的，由原参保所在地社会保险经办机构开具参保缴费凭证，其基本养老保险关系应随同转移到新参保地。参保人员达到基本养老保险待遇领取条件的，其在各地的参保缴费年限合并计算，个人账户储存额累计计算。这一政策的出台初步实现了城镇企业职工基本养老保险制度内部的衔接，有利于保障流动人口的养老保险权益。

2011 年国务院发布的《国务院关于开展城镇居民社会养老保险试点的指导意见》中提出有条件的地方，城镇居民养老保险应与新农保合并实施，其他地方应积极创造条件将两项制度合并实施的指导思想，各地全面启动城镇居民社会养老保险试点工作，根据《国务院关于开展城镇居民社会养老保险试点的指导意见》，城镇居民养老保险制度的政策规定内容如下。①覆盖范围：年满 16 周岁（不含在校学生）的城镇非从业居民。②筹集模式：实行个人账户制。③资金来源：个人缴费和政府补贴。④缴费标准：100~1000元10个档次，也可增设缴费档次，参保人可多缴多得。⑤支付条件：年满60周岁，累计缴费不少于15年。⑥待遇水平：养老金待遇由基础养老金和个人账户养老金构成。

2015年国务院决定改革机关事业单位工作人员养老保险制度，实行与企业职工相同的统账结合的基本养老保险制度。其制度的内容如下。①基本养老金构成：由基础养老金和个人账户养老金组成。②筹资模式：由单位和个人共同负担基本养老保险费，单位从工资总额缴纳20%，个人缴纳8%。③缴费基数：个人工资超过当地上年度在岗职工平均工资300%以上的部分，不计入个人缴费工资基数；低于当地上年度在岗职工平均工资60%的，按当地在岗职工平均工资的60%计算个人缴费工资基数。④计发办法：退休时的基础养老金月标准以当地上年度在岗职工月平均工资和本人指数化月平均缴费工资的平均值为基数，缴费每满一年发给1%。⑤养老保险关系转移和接续：参保人员在同一统筹范围内的机关事业单位之间流动，只转移养老保险关系，不转移基金。参保人员跨统筹范围流动或在机关事业单位与企业之间流动，在转移养老保险关系的同时，基本养老保险个人账户储存额随同转移，并以本人改革后各年度实际缴费工资为基数，按12%的总和转移基金，参保缴费不足一年的，按实际缴费月数计算转移基金。转移后基本养老保险缴费年限（含视同缴费年限）、个人账户储存额累计计算。

我国城镇养老保险制度从过去的单位保障发展为社会养老保险，保障范围从收入人群到无收入人群，从企业职工养老保险制度与机关事业单位养老保险制度的"双轨制"改革为统一制度，城乡养老保险的建制理念经历了从公平到效率兼顾公平再到公平、正义和共享的演变过程，目前城镇基本养老保险制度的改革和完善正在向更加公平的目标努力。此阶段的养老保险制度实现了城乡居民之间和城镇劳动者之间的公平，但是基本养老保险制度在实施中各省（自治区、直辖市）之间的政策具有较大的差异，出现不同地区之间劳动者的养老保险制度不公平。

二、农村养老保险制度的发展阶段和特点

农村基本养老保险制度是国家通过立法对农村居民年老时保障其基本生活的一项社会政策。我国农村基本养老保险制度的发展滞后于城镇基本养老保险制度，其发展阶段如下。

（一）创建阶段（1956~1998年）

中华人民共和国成立以后，党和政府十分重视农民的养老与社会福利问题，1956年第一届全国人民代表大会第三次会议通过《高级农业生产合作社示范章程（草

案)》，明确规定了五保供养制度，1960 年和 1962 年先后颁布《1956 年到 1967 年全国农业发展纲要（草案）》与《农村人民公社工作条例（修正草案）》，进一步完善了五保供养制度。1986 年 10 月民政部和国务院在江苏省沙洲县召开农村基层社会保障工作座谈会，提出在经济发达和经济较发达的农村地区发展以社区为单位的农村养老保险，1989 年民政部成立了课题组，选择北京市大兴县和山西省左云县为县级农村社会养老保险试点县，强调国家、集体、个人三者共同承担责任，以个人自我保障为主，坚持农村务农、务工等各行业人员一体化。此阶段是农村社会养老保险制度的早期探索，国家没有统一的政策规定，仅在农村发达地区（苏南、上海等）进行试点，养老保险实行以村或企业或乡镇为单位管理，缺乏监督和制约机制，养老金积累不稳定，这种制度不具有社会养老保险的性质。此阶段的养老保险制度对试点人群实现了起点、过程和结果的公平，对非试点和未参保的人群没有实现公平。

（二）发展阶段（1999～2006 年）

1991 年国务院第十一次会议做出了关于城镇社会养老保险主要由劳动部负责，农村社会养老保险由民政部负责的决定。1992 年民政部正式制定出台了《县级农村社会养老保险基本方案（试行）》，选择山东省、湖北省、江苏省等进行县级农村社会养老保险试点，并在全国范围内推广，该方案实行的制度也称为老农保。其政策内容如下。①覆盖人群：农村各类从业人员。②资金筹集：个人缴纳为主，集体补助为辅，国家给予政策扶持。③缴费标准：月缴费标准分 2 元、4 元、6 元、8 元、10 元、12 元、14 元、16 元、18 元、20 元 10 个档次。④筹资模式：建立个人账户。⑤养老金领取资格：60 周岁。⑥待遇标准：取决于个人缴费、积累时间和基金收益。这种制度以自我保障为基础，采取个人缴费为主，集体补助为辅，建立了个人账户，制度具有灵活性，适应了当时农民收入不稳定的特点，具有一定的流动性。老农保在试点推行过程中政府只出政策不给钱，违背了基本养老保险制度互助共济的原则，不具有可持续性。

（三）新农保制度（2007～2013 年）

1998 年老农保制度由劳动和社会保障部接管以后，一方面整顿和规范农村社会养老保险工作；另一方面开始探索适合农民工、失地农民和小城镇农转非人员特点的养老保险办法。2007 年陕西省宝鸡市为国家新农保的试点，积极探索建立以个人账户为主、保障水平适度、缴费方式灵活、可随参保人转移、适应性和推广性强的新型农村社会养老保险制度，宝鸡模式为全国其他省（自治区、直辖市）推广新型农村养老保险提供了宝贵经验。2009 年 9 月 1 日，国务院颁布了《国务院关于开展新型农村社会养老保险试点的指导意见》，新农保从 10% 的覆盖面在全国农村进行试点。据统计，截至 2011 年底，新农保已覆盖全国 60%以上的县（市、区、旗），并在 2012 年实现了制度全覆盖[①]。

新农保制度开展以来在全国农村取得了较好效果，其政策内容具体如下。①覆盖范围：年满 16 周岁（不含在校学生）、农村居民，满 60 周岁以上的农村居民直接享受基础养老金，但其符合参保条件的子女应当参保缴费。②资金来源：采取个人缴费、集体补助和政府补贴。③缴费标准：国家标准为 100～500 元 5 个缴费档次，地方可以根据实际情况增设缴费档次。④补贴标准：政府对农村参保居民实行"双补"政策，即"入口"的保费补贴和"出口"的基础养老金补贴，其中保费补贴标准不低于 30 元/（人·月），基础养老金补贴最低标准为 55 元/（人·月）。⑤养老金领取资格条件：年满 60 岁，农村户籍的老年人，累计缴费不少于 15 年。⑥待遇水平：由基础养老金和个人账户构成，待遇计发为基础养老金加上个人账户存储额除以 139 所得数额。

新农保是我国政府在取消农业税、实施新农合之后出台的又一项重大惠农政策，它是我国基本养老保险制度向全民老有所养目标迈出的关键一步，也是我国农村老年人群享有的普惠制养老金，对缩小城乡居民收入差距和改善农村居民生活水平具有重要的现实意义。实施新农保制度实现了农村居民之间在起点、过程和结果的公平，在一定程度上缩小了养老保险制度在城乡之间的收入差距。

（四）城乡居民统一养老保险制度（2014 年至今）

2012 年 7 月新型农村社会养老保险制度和城镇居民社会养老保险制度在全国全面推广实施，并于 2012 年 9 月基本实现两项制度的全覆盖。2012 年 10 月 12 日，国务院召开全国新型农村和城镇居民社会养老保险工作总结表彰会议，标志着我国基本建立覆盖城乡居民的社会养老保障体系。2014 年 4 月 21 日国务院出台《国务院关于建立统一的城乡居民基本养老保险制度的意见》，随后 31 个省（自治区、直辖市）[②]相继出台了制度整合的政策，基本实现了养老保险制度名称、政策标准、经办服务和信息系统的"四个统一"，我国部分地区已经初步实现了城乡居民养老保险的一体化，如四川省、重庆市、宁夏回族自治区、陕西省宝鸡市、陕西省西安市、陕西省铜川市等，其将城乡居民养老保险的缴费档次统一，并提高了上限额度，居民可自由选择参保[③]。城乡居民养老保险制度全覆盖工作的正式全面启动，标志

---

① 中华人民共和国人力资源和社会保障部网站. 我国新型农村社会养老保险制度构建. http://www.mohrss. gov.cn/[2012-8-1].

② 未包含香港、澳门、台湾。

③ 胡晓义·人社部解读：谈城乡居民养老保险制度合并及城乡养老保险制度衔接. http://www.mohrss.gov.cn/ SYrlzyhshbzb/zxhd/SYzaixianfangtan/cxjm/[2014-03-21].

着我国覆盖城乡居民社会保障体系基本建立。城乡居民养老保险制度的推广实现了城乡居民之间的公平性。

纵观我国城乡基本养老保险制度的发展历史，长期以来受二元经济体制的制约，根据不同职业和人群设计的不同养老保险制度，致使养老保险制度在保障模式、筹资模式、基金来源、待遇水平和政府责任等方面存在显著的差异，虽然在当时社会经济发展的情况下，这种多元化的养老保险制度存在有其合理性，但是城乡二元特征的养老保险制度导致社会不公平，阻碍了社会经济的发展，它既不符合马克思的公平观，也不符合养老保险制度自身发展的规律。因此，总结我国城乡基本养老保险制度发展经验和教训，通过实现统一养老保险制度，一方面能为广大城乡居民提供统一养老保险，满足其基本生活需求；另一方面能彻底消除因不同制度带来的人群之间在养老保险方面的差异化，最终实现更加公平的养老保险制度。

第二节　我国养老保险制度公平性的体现

我国城乡养老保险制度经过了30多年的试点和改革探索，经历了从计划经济时代的平均分配理念，转向经济转型时代的效率兼顾公平再到现在的公平、正义和共享的理念演变的历史过程，目前建立了社会统筹和个人账户相结合的养老保险制度，养老保险制度的公平性得到了进一步的提升，主要表现在以下几个方面。

一、养老保险保障功能不断增强

（一）城乡养老保险制度的覆盖人群不断扩大

养老保险制度覆盖面是反映一国养老保险发展程度的一项重要指标。养老保险制度的覆盖面越广，养老保险制度的参保人数越多，越会增加养老保险基金收入规模并提高养老保险制度的互济能力。经济发展水平是影响养老保险覆盖面的重要因素，早在20世纪80年代以前我国养老保险的保障人群是城镇国有企业职工，养老保险制度覆盖面较窄，自20世纪90年代末改革以来城镇企业职工基本养老保险制度在全国范围实行统账结合的筹资模式，城镇企业职工基本养老保险制度覆盖面不断扩大，1998年城镇企业职工参保人数为8475.8万人，2016年末参保人数达到37 930万人。伴随城乡居民收入水平的不断增加，自2009年以来推广新农保制度和城镇居民养老保险制度，城乡居民参保人数从2009年的8691万人增加到2016年的50 847万人，截至2015年城乡养老保险制度参保人数达8.5亿人，覆盖率已经达到85%，成为世界上最大的单项养老金计划。2009~2016年我国城乡养老保险参保人数见表3-1。

表 3-1　2009～2016 年我国城乡养老保险参保人数　　（单位：万人）

年份	城镇企业职工参保人数	城乡居民参保人数
2009	21 567	8 691
2010	23 634	10 277
2011	28 391	22 367
2012	30 427	48 370
2013	32 218	49 750
2014	34 124	50 107
2015	35 361	50 472
2016	37 930	50 847

资料来源：《2009～2016 年度人力资源和社会保障事业发展统计公报》。

（二）城乡养老保险的待遇水平逐步提高

养老金是保障老年人基本生活的重要收入来源，是养老保险制度发挥再分配功能的体现，也是衡量养老保险制度结果公平的指标。随着我国经济发展水平的提高，城乡养老保险的保障水平也得到了一定提高。以城镇企业职工基本养老保险制度为例，国家以 10% 的比例连续 12 次调整养老金水平，全国企业退休职工平均基本养老金水平从 2002 年的 599 元/月提高到 2014 年的 2082 元/月，增长幅度是 248%，保障了企业退休职工的基本生活。全国城乡居民平均养老金从 2010 年的 58.21 元/月提高到 2013 年的 87.78 元/月，增长幅度是 51%；国家基础养老金从 55 元/（月·人）提高到 70 元/（月·人）。城乡养老保险保障水平的逐步提高，保障了老年人基本生活的需要，不断缩小城乡之间的差距，实现城乡社会稳定。

二、养老保险体系日趋完善

（一）覆盖全民的基本养老保险体系已建立

我国城乡二元基本养老保险制度自 20 世纪 50 年代的劳动保险制度开始，经过半个多世纪的发展变化，保障了老年人的基本生活，为稳定城乡社会和促进经济发展发挥了重要作用。面对人口老龄化的严峻挑战，我国城乡基本养老保险制度改革走在前列，通过不断完善制度实现了从单位保障到社会保障、从家庭保障到社会保障、从非制度保障到制度保障、从城镇保障到农村保障，过去城乡分割的基本养老保险制度正在向城乡一体养老保险制度发展，2012 年基本实现城镇居民养老保险制度全覆盖。现在已建立了覆盖城乡居民的社会养老保险体系，该体系包括城镇企业职工基本养老保险制度、机关事业单位养老保险制度、城镇居民养老保险制度和新农保四项制度，为城乡社会经济的发展发挥了"稳定器"的作用，该体系的建立实现了我国城乡养老保险制度的起点公平。

（二）多层次的基本养老保险体系逐步推行

城乡基本养老保险制度是养老保险体系的基本保障，其目标是确保老年人的基本生活，伴随我国经济的发展和物价水平的提高，为了提高城乡老年人的生活水平，建立和发展补充养老保险制度是刻不容缓的。近年来城乡基本养老保险制度发展步伐较快，许多省（自治区、直辖市）探索建立多层次的养老保险体系，例如，上海市建立了四大支柱的城乡一体养老保障体系，包括终身贫困者免缴费的基础社会养老保险制度（零支柱）、全体公民强制缴费的基本养老保险制度（第一支柱）、劳动者和单位强制缴费的补充养老金制度（第二支柱）、在政府优惠政策下个人自愿养老储蓄或商业保险的补充养老保障制度（第三支柱），这种做法体现了养老保险制度坚持公平兼顾效率的原则，它不仅满足了参保者老年时日益增长的养老保障需求，还有利于促进养老保险体系之间整体均衡的协调发展。

三、养老保险管理体制逐步实行统一化

（一）城乡基本养老保险管理机制不断创新

为了实现更加公平的城乡基本养老保险制度，我国部分省市在制度设计中体现了前瞻性和长期性及可持续性。例如，成都市基于统筹城乡发展的背景，为了解决制度发展中可能出现的问题，在养老保险制度设计中全盘考虑制度内外部的因素，既考虑参保人群特征和地区差异及其管理的需要，又考虑城市化发展的需要，参照城市职工制度设计城乡居民养老保险制度，不仅为统筹城乡发展奠定了良好基础，还按照基金筹集模式、参保缴费档次、待遇保障水平"三统一"的原则，整合现行新型农村社会养老保险、城乡居民养老保险制度，逐步实现基金省级管理。重庆市在完善制度的同时不断创新管理机制，通过积极推进社会保障服务、社会保障信息服务、监督检查和权益保障三大平台建设，推进城乡一体社会养老保险制度的建设步伐。宝鸡市大力创新城乡居民基本养老保险经办管理服务，实现"四统一"（统一政策制度、统一建立丧葬补助金制度、统一经办管理、统一基金管理和信息管理系统）和"五个不出村"（参保登记、保费缴纳、待遇领取、权益查询、资格年检）的经办管理服务模式，实现全市统一使用专网办理业务的目标，建成了覆盖市、县（区）、镇（街）、村（社区）四级，全市统一、共享、

网络体系完善的城乡居民养老保险信息管理系统。这些省市城乡基本养老保险管理机制的统一实现了养老保险制度过程的公平性。

（二）城乡养老保险制度衔接办法趋于合理

党的十六大以来，为了解决长期以来城乡发展不平衡的现实问题，确立了统筹城乡发展的基本方略，统筹城乡养老保险制度的目标是实现全民人人享有养老保障的权利。为了进一步促进城乡劳动力的合理流动，切实维护城乡参保人的养老保险权益，国家陆续出台相关政策规定，2009 年出台《城镇企业职工基本养老保险关系转移接续暂行办法的通知》，要求统一规范业务经办程序，加快与省际异地转移系统的接入步伐，努力提高转移接续经办工作效率，为参保人员提供便捷的服务。各省市积极探索城乡养老保险制度衔接的办法，如成都市、杭州市、宝鸡市、青岛市、南通市分别采用折算和补缴的办法实现城乡居民养老保险与企业职工基本养老保险的相互衔接，其做法为推进全国城乡基本养老保险制度的衔接提供了宝贵的经验。2014 年 2 月印发的《城乡养老保险制度衔接暂行办法》规定参保者在企业职工养老保险、新农保以及城镇居民养老保险三项制度之间的养老保险关系可以衔接转换，2017 年 1 月出台《关于机关事业单位基本养老保险关系和职业年金转移接续有关问题的通知》，规定参保人员在同一统筹、跨统筹范围内的机关事业单位之间流动的、从机关事业单位流动到企业的基本养老保险关系与职业年金的转移和接续的办法，统一规范机关事业单位基本养老保险关系与职业年金转移和接续业务经办流程，确保参保人员养老保险关系的转移和接续顺畅。

第三节　城乡养老保险制度调查基本情况

一、问卷调查与实施

（一）问卷设计内容

本书的调查问卷内容设计依据 1997 年《国务院关于建立统一的企业职工基本养老保险制度的决定》、2009 年《国务院关于开展新型农村社会养老保险试点的指导意见》、2010 年《陕西省人民政府关于开展城镇居民社会养老保险试点的指导意见》、2011 年《国务院关于开展城镇居民社会养老保险试点的指导意见》、2014 年《国务院关于建立统一的城乡居民基本养老保险制度的意见》，基于国内外文献研究成果，因城镇企业职工和城乡居民实行不同的养老保险制度，所以分别设计了两份调查问卷表（附录），其中城乡居民养老保险的问卷内容共分为四个部分。

（1）被调查者的基本信息主要包括人口学特征和家庭状况，其中人口学特征包括性别、年龄、文化程度、婚姻、户籍等；家庭状况包括家庭人口数、收入和支出情况。

（2）被调查者参加城乡居民养老保险的现状，主要包括自愿参保、缴费档次选择、领取养老金额度和时间、政策了解渠道、政府宣传政策频率等。

（3）被调查者对城乡居民社会养老保险制度的基本认知，包括政府投入，制度因素，经办机构工作人员的服务方面的了解度、满意度、合理度情况。

（4）被调查者对养老保险制度的期望，包括统一养老保险制度的意愿，城乡居民养老保险制度与社会救助、社会福利制度的衔接意愿，对首选养老方式、缴费和养老金的期望需求、政策的优化建议等情况。

城镇企业职工基本养老保险问卷内容如下。

（1）被调查者的基本信息，主要包括企业职工的基本特征，其中包括性别、年龄、文化程度、工作时间和单位情况。

（2）被调查者对企业职工基本养老保险制度的基本认知，主要包括职工对领取养老金额度、缴费比例、经办业务、待遇水平、养老保险关系省内外转移等的满意度。

（3）被调查者对养老保险制度的期望，包括对养老保险制度的统一意愿、养老保险制度与社会救助、社会福利制度的衔接意愿、对政策的优化建议等情况。

（二）问卷调查实施

本书于 2013 年 8 月到 2013 年 10 月对陕西省宝鸡市、西安市、铜川市进行调查，采取典型抽样方法对城镇企业在职职工、退休职工、城乡居民进行问卷调查，全面了解企业职工对养老保险制度的满意度和期望情况；城乡居民对养老保险的认知和对统一养老保险制度的期望情况。问卷调查实施分为两个阶段。

（1）预调研阶段。2013 年 7 月在西安市的企业职工、社区居民和农村居民进行入户调查，发放调查问卷 50 份，针对企业职工和居民填写情况与反馈意见、调查人员在现场调查中发现的问题，对回收的问卷及时进行修改和完善相关题项，并对回收的问卷进行数据检验，以确保调查问卷的有效性和准确性。

（2）正式调研阶段。在 2013 年 8 月到 2013 年 10 月，在陕西省宝鸡市、西安市、铜川市进行城乡基本养老保险的调查，采取典型抽样的办法发放问卷，共发放问卷 1800 份，收回问卷 1718 份，其中发放城乡居民调查问卷 1000 份，回收问卷 918 份，回收率为 91.8%；发放城镇企业职工调查问卷 800 份，收回 800 份，回收率为 100%。

二、调查数据分析

1. 城镇企业职工样本量的基本信息

本次调查的总人数为 800 人，男性企业职工 424 人，占 53%；女性企业职工 376 人，占 47%。从年龄来看，20～30 岁的占 19%；31～40 岁的占 25.75%；41～50 岁的占 22.75%；51～60 岁的占 21.5%；60 岁及以上的占 11%。从文化程度来看，初中及以下的占 22%；高中（中专）的占 31%；大专的占 33.25%；本科及以上的占 13.75%。从工作时间来看，工作 1 年以下的占 1.5%；工作 1～9 年的占 20%；工作 10～19 年的占 28.75%；工作 20～29 年的占 31.5%；工作 30 年及以上的占 18.25%。从单位性质来看，国有或集体企业职工占 39.25%；个体或私营企业职工占 25%；灵活就业人员占 10.75%；下岗职工占 5%；退休人员占 20%（表 3-2）。

表 3-2 城镇企业职工养老保险被调查者基本信息统计

个人特征	标识	百分比
性别	男	53%
	女	47%
年龄	20～30 岁	19%
	31～40 岁	25.75%
	41～50 岁	22.75%
	51～60 岁	21.5%
	60 岁及以上	11%
文化程度	初中及以下	22%
	高中（中专）	31%
	大专	33.25%
	本科及以上	13.75%
工作时间	1 年以下	1.5%
	1～9 年	20%
	10～19 年	28.75%
	20～29 年	31.5%
	30 年及以上	18.25%

续表

个人特征	标识	百分比
	国有或集体企业职工	39.25%
	个体或私营企业职工	25%
单位性质	灵活就业人员	10.75%
	下岗职工	5%
	退休人员	20%

2. 城乡居民样本量的基本信息

在性别方面，男性占 39%，女性占 61%；在年龄方面，18～28 岁的占 11%，29～39 岁的占 17%，40～50 岁的占 26%，51～59 岁的占 17%，60 岁及以上的占 29%；在户籍方面，城镇户口的占 52.4%，农村户口的占 47.6%；在文化程度方面，小学及以下的占 23%，初中的占 27%，高中（中专）的占 35%，大专及以上的占 15%；在婚姻状况方面，已婚的占 58%，未婚的占 29%，离异的占 4%，丧偶的占 9%；在健康状况方面，非常健康的占 23%，比较健康的占 42%，不太健康的占 17%，一般的占 14%，非常不健康的占 4%；在家庭人数方面，2 人及以下的占 15%，2～4 人的占 63%，5～7 人的占 21%，7 人及以上的占 1%（表 3-3）。

表 3-3　城乡居民养老保险被调查者基本信息情况

个人特征	标识	百分比
性别	男	39%
	女	61%
	18～28 岁	11%
	29～39 岁	17%
年龄	40～50 岁	26%
	51～59 岁	17%
	60 岁及以上	29%
户籍	城镇户口	52.4%
	农村户口	47.6%
	小学及以下	23%
文化程度	初中	27%
	高中（中专）	35%
	大专及以上	15%

续表

个人特征	标识	百分比
婚姻状况	已婚	58%
	未婚	29%
	离异	4%
	丧偶	9%
健康状况	非常健康	23%
	比较健康	42%
	不太健康	17%
	一般	14%
	非常不健康	4%
家庭人数	2人及以下	15%
	2~4人	63%
	5~7人	21%
	7人及以上	1%

3. 参加基本养老保险的情况

（1）参保情况。鉴于城镇企业职工参加基本养老保险是强制的，城镇企业在职职工全部参保；城乡居民参加养老保险采取自愿方式。从调查数据得出，城乡居民自愿参加养老保险制度的比例为74%，不太愿意参保的居民比例为26%，其中在城镇居民中，自愿参保者占62%，不愿意参保者占38%，而农村居民中自愿参保者为97%，不愿意参保者占3%（图3-1）。

（2）缴费档次选择情况。被调查城乡参保居民的养老保险缴费档次集中在100元，占60.5%，选择200元缴费档次的占6.2%，选择500元缴费档次的占4.1%，

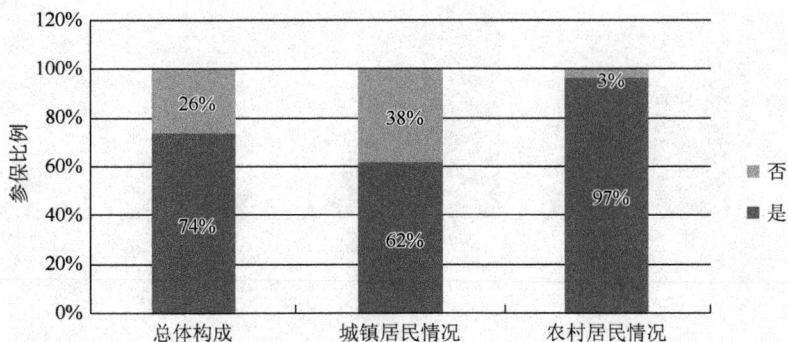

图3-1 城乡居民参保情况

选择 1000 元、1500 元、2000 元缴费档次的分别占 5.8%、6.8%、4.8%，其中城镇参保居民选择缴费档次在 100 元的占 51.6%，选择 500 元、1000 元、1500 元、2000 元缴费档次的分别占 3.1%、7.9%、9.3%、6.5%，在农村参保居民中选择缴费档次在 100 元的占 85.6%，选择 200 元、300 元、400 元、500 元、600 元的分别占 3%、3%、1%、6.9%、0.5%，没有选择缴费档次在 600 元以上的农村居民（图 3-2）。

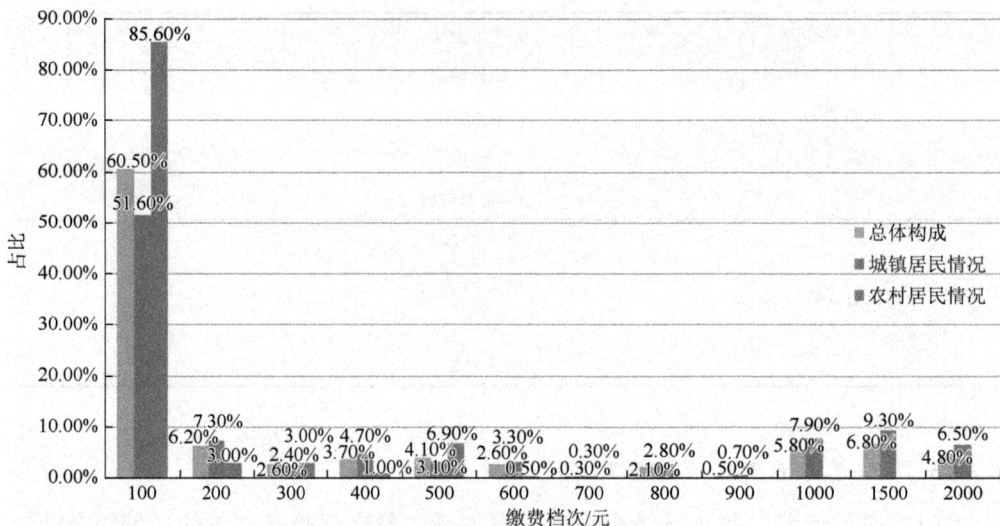

图 3-2　城乡参保居民的养老保险缴费档次选择情况

（3）养老保险成为城乡居民较为重要的养老保障方式。如图 3-3 所示，在养

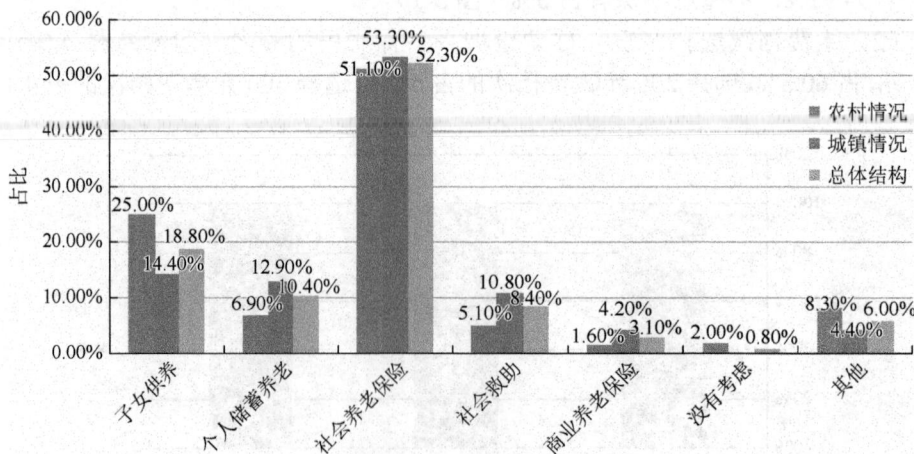

图 3-3　城乡居民养老方式的选择

老保障方式选择中，城乡居民选择参加社会养老保险的占 52.30%，子女供养的占 18.80%；在城镇居民中，选择参加社会养老保险的占 53.30%，子女供养的占 14.40%，个人储蓄养老的占 12.90%；在农村居民中，选择参加社会养老保险的占 51.10%，子女供养的占 25.00%，个人储蓄养老的占 6.90%。

4. 对养老保险制度的认知情况

（1）政策了解途径多样化。被调查的城乡居民通过政府宣传来了解养老保险政策的占 63.20%，通过电视网络媒体了解政策的占 18.70%，通过亲戚朋友介绍了解政策的占 12.90%。通过政府宣传、亲戚朋友介绍、电视网络媒体了解政策的城镇居民的比例依次为 63.70%、11.90%、17.90%；农村居民的比例依次为 62.30%、14.80%、20.20%（图 3-4）。

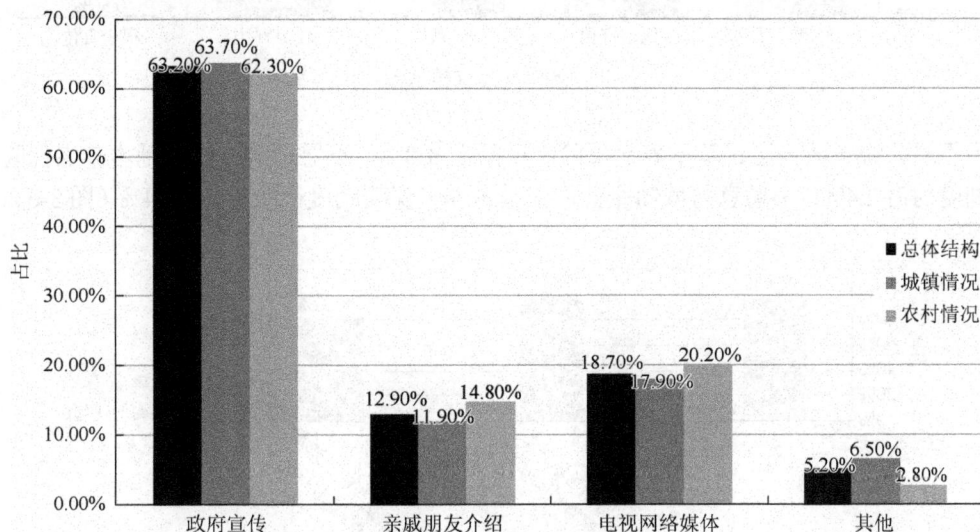

图 3-4　政策了解途径

（2）政策宣传较好。被调查的城乡居民认为政府经常宣传的占 66%，城镇和农村居民认为政府经常宣传的比例占 68.70%、61.50%。在城镇中有 1.60% 和 0.50% 的居民认为较少宣传和很少宣传，在农村中有 8.20% 的居民认为较少宣传（图 3-5）。

5. 对统一养老保险制度的期望

（1）对统一养老保险制度的意愿度较高。被调查者对于实现统一养老保险制度的意愿度是 97.6%，对城乡居民基本养老保险制度统一的意愿度为 98.2%，说明实现统一的养老保险制度符合居民的期望。在城乡居民中不愿意制度统一的占 4.2%，其

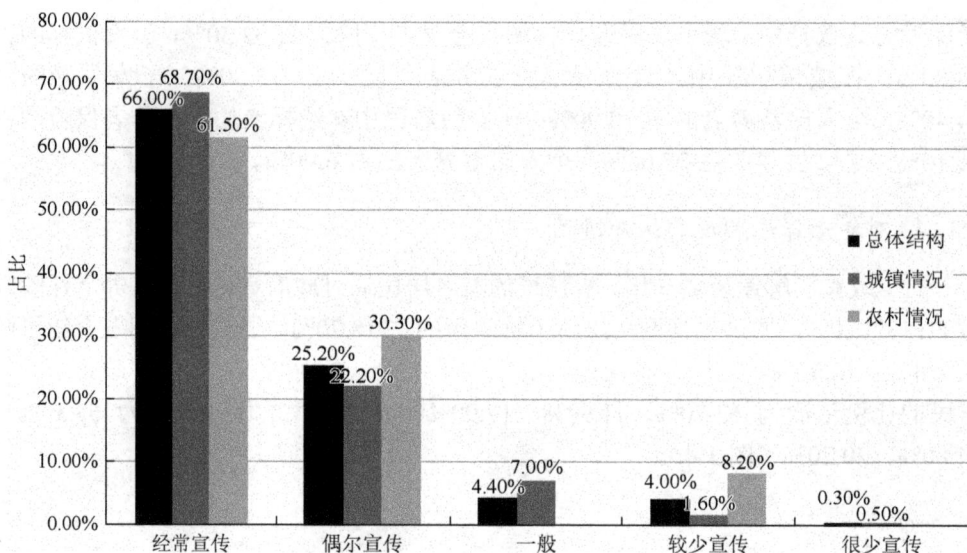

图 3-5　政策宣传情况

中不愿意统一城乡居民基本养老保险制度的占 1.8%，不愿意统一城乡基本养老保险制度的占 2.4%；不愿意与城镇企业职工基本养老保险制度衔接的占 17.4%（图 3-6）。

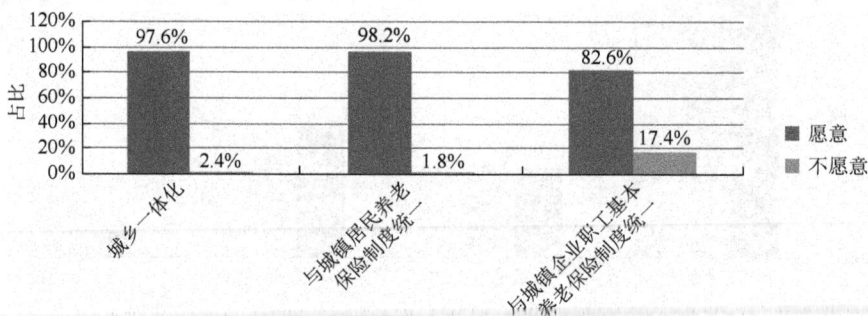

图 3-6　对统一养老保险制度的期望情况

（2）对制度优化内容的期望值较高。被调查的城乡居民对于期望优化现行养老保险制度，优化内容大小依次为政府补贴（62.50%）、待遇水平（44.70%）、缴费环节（21.30%）、管理制度和水平（21.30%）、制度衔接（11.10%）、登记环节（10.30%）、参保条件（7.90%）。其中，城镇居民对于政府补贴（71.50%）、待遇水平（64.20%）和参保条件（13.60%）三方面的期望值高于农村居民，农村居民对管理制度和水平（16.90%）、缴费环节（17.80%）、登记环节（7.50%）的期望值高于城镇居民（图 3-7）。

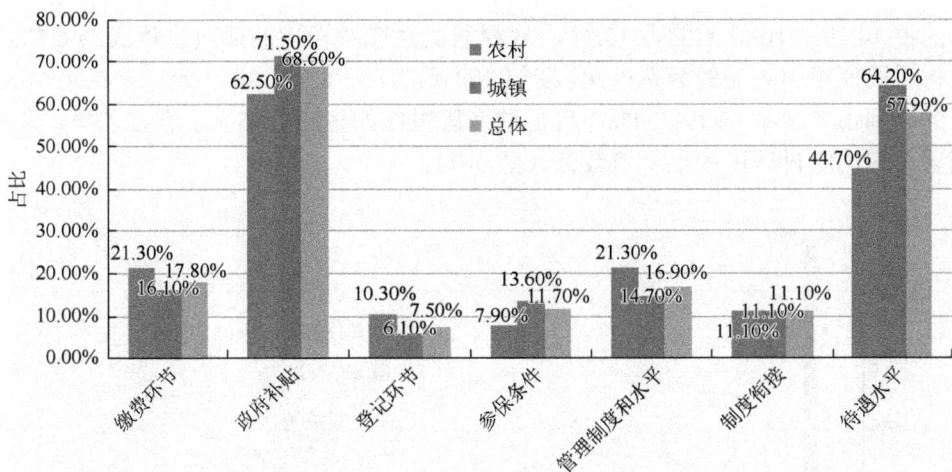

图 3-7　对制度优化内容的期望情况

（3）对养老金的期望普遍较高。被调查的城乡居民对养老金的期望值较高，期望养老金在 900 元/月以上的占 45.5%，其中城镇居民的期望值为 68.4%，农村居民期望值仅为 5.8%；农村居民期望养老金在 200～300 元/月、100～200 元/月的分别占 35.2%、24.2%，可见城镇居民对高水平养老金的期望较大（图 3-8）。

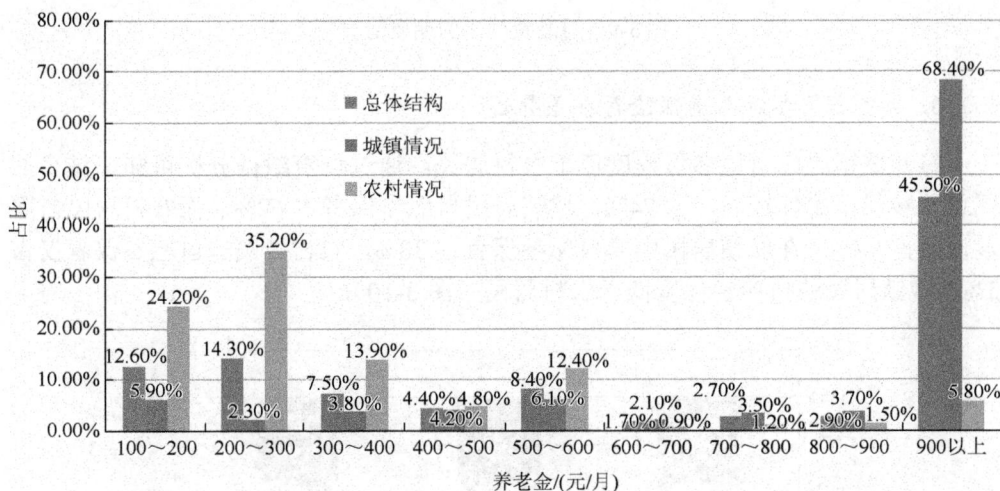

图 3-8　对养老金的期望情况

（4）对缴费档次的期望呈现两端分布。被调查的城乡居民期望缴费档次呈现两个极端状态，期望在 100 元和 1000～2000 元缴费档次的人数较多，分别占 26.6%、37.1%。其中城镇居民期望较高的缴费档次，2000 元的占 19.6%，1500

元的占 14.2%，1000 元的占 15.4%；农村居民对缴费档次的期望值较低，66.5%的农村居民期望 100 元的缴费档次，期望 200 元的占 12.7%，2000 元、1500 元、1000 元的分别占 3.2%、2.4%、4%，可见城乡居民在期望缴费档次上存在差异，与城镇居民相比农村居民的期望值较低（图 3-9）。

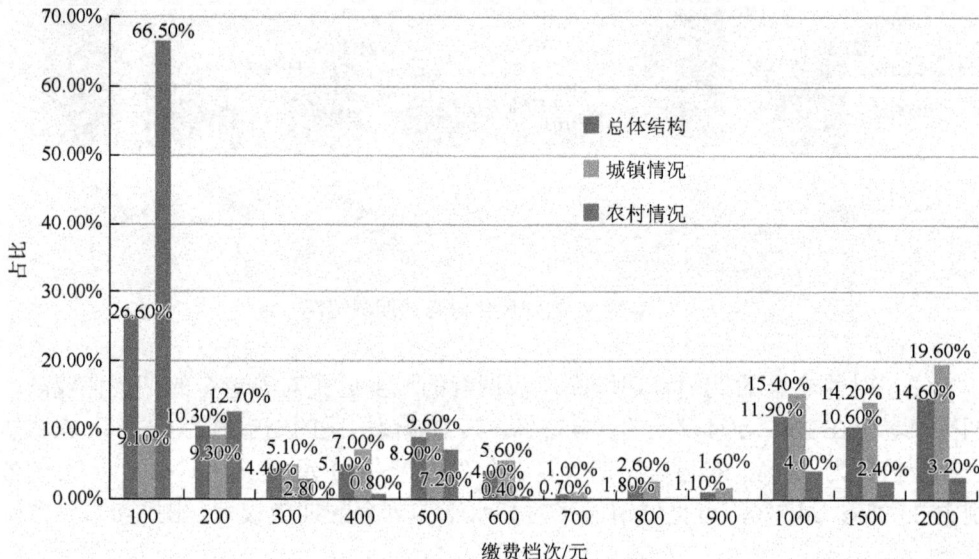

图 3-9　对缴费档次的期望情况

6. 城乡居民参加养老保险存在差异性

（1）城镇居民自愿参保程度低于农村居民。通过调查数据分析可知，城乡居民总体参保自愿性较高，占 74%，城镇居民自愿参保者占 62%，而农村居民自愿参保者占 97%。在城镇居民中非自愿参保者占 38%，农村居民非自愿参保者仅占 3%，城镇居民的自愿参保度低于农村居民（图 3-10）。

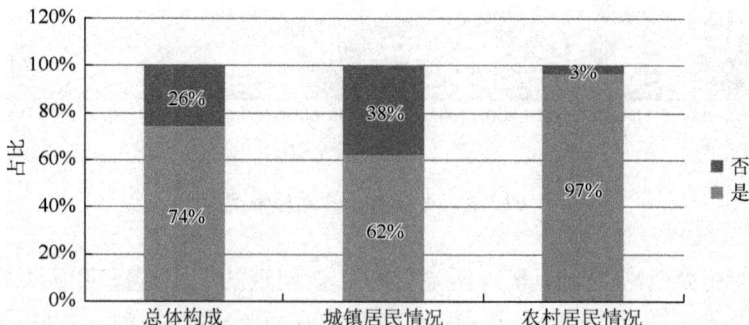

图 3-10　城乡居民的自愿参保情况

（2）农村居民对养老保险政策的了解程度低于城镇居民。调查数据显示，城乡居民对政策的了解度为一般和比较了解的分别占 29.7%、29.5%，不太了解的占 13.2%，非常不了解的占 9.1%；城镇居民对政策从非常了解到非常不了解的占比依次为 15.7%、37.9%、34.6%、8.9%、2.8%；农村居民对政策从非常了解到非常不了解的占比分别为 23.3%、15.4%、21.5%、20.3%、19.5%。农村居民对政策非常不了解、不太了解政策的比重达到 39.8%，城镇居民的这一比重仅为 11.7%，农村居民对养老保险政策的了解程度低于城镇居民（图 3-11）。

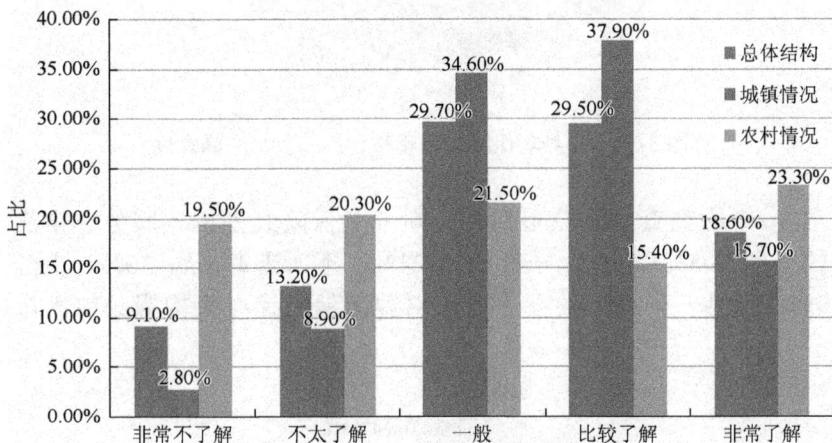

图 3-11　城乡居民对政策了解情况

7. 参保者对现行养老保险政策满意度的评价

（1）对养老保险转移和接续政策的满意度较低。为了促进劳动者在省际合理流动，保障劳动者的养老保险权益，2009 年出台了《城镇企业职工基本养老保险关系转移接续暂行办法》，2011 年实施了《中华人民共和国社会保险法》，2014 年人力资源和社会保障部与财政部印发了《城乡养老保险制度衔接暂行办法》，但是在实践中这些政策不完善和缺乏可操作性，劳动者在省际流动中其养老保险关系不能转移和接续，导致沿海地区的许多外来劳动者出现退保和断保现象。调查数据显示，被调查的参保职工对养老保险关系转移和接续政策非常满意和比较满意分别占 4%和 5%，一般的占 26%，不太满意的占 33%，十分不满意的占 32%（图 3-12）。

（2）企业参保职工对经办机构服务的满意度较低。养老保险经办机构是具体承担养老保险业务的窗口，养老保险业务具有较强服务性，经办机构的管理水平决定了其服务水平，影响经办机构管理水平的因素主要有工作人员的服务态度和工作效率以及业务经办程序，经办机构服务水平影响职工的参保意

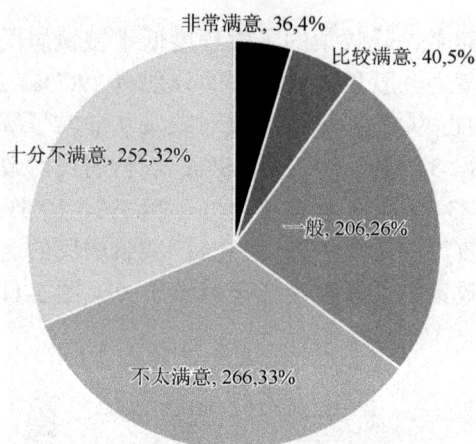

图 3-12 对养老保险关系转移和接续政策的满意度

愿和满意度。本次调查的企业参保职工对养老保险经办机构服务非常满意和比较满意的分别占 5% 和 5%，一般的占 21%，不太满意的占 30%，十分不满意的占 39%，可见一半以上的参保职工对养老保险经办机构服务的满意度较低（图 3-13）。

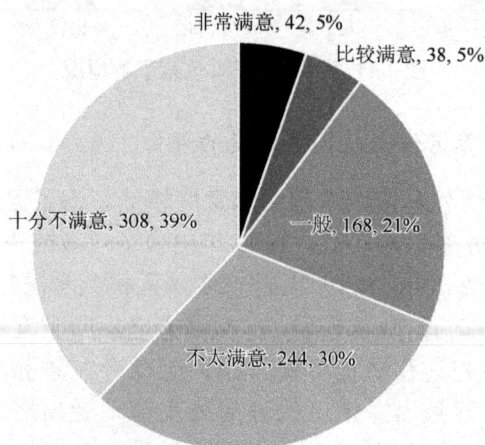

图 3-13 对养老保险经办机构服务的满意度

8. 对养老保险制度公平性的评价

被调查对象中的 8% 认为养老保险制度公平性十分高，12% 认为养老保险制度公平性较高，20% 认为养老保险制度公平性一般，36% 认为养老保险制度公平性较低，24% 认为养老保险制度公平性十分低（图 3-14）。

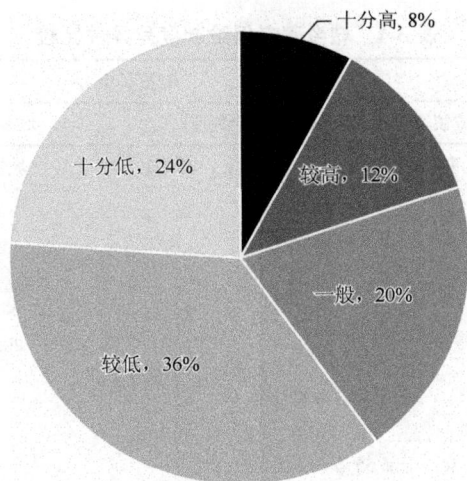

图 3-14　对养老保险制度公平性的评价

三、养老保险制度公平性存在的问题

（一）城乡养老保险制度差别较大

　　陕西省受城乡二元经济体制的制约，长期以来实行城乡二元的养老保险制度。为了贯彻和落实中央关于养老保险制度的改革精神，积极探索制定和完善不同人群的养老保险政策，自 1992 年起探索建立城镇企业职工基本养老保险省级统筹制度，1998 年采取统一全省养老保险政策、建立统账结合的养老金计发办法，经过对城镇职工养老保险体系的不断改进和完善形成了全省统一的政策规定、缴费方式、统筹项目、缴拨方式、调剂使用基金，对养老保险经办机构实施"垂直化管理"和"五子模式"，即"政府出点子、社保开单子、地税收款子、银行开票子、财政兜底子"和垂直管理为特点的"陕西模式"。2000 年以来在推进城市化进程中，积极配合城中村的改造项目，2005 年以来颁布被征地农民养老保险的实施办法、农民工养老保险、城镇灵活就业人员养老保险的相关实施办法。为了缓解城乡居民之间的收入差距，积极探索农村养老保险制度，根据当地的经济发展水平，较早地开展了城乡基本养老保险制度的试点工作。2007 年宝鸡市成为国家首家新农保试点区，宝鸡模式的推出为全国建立新农保制度提供了有益的经验。2011 年全面启动城乡居民社会养老保险工作，2014 年启动机关事业单位养老保险制度的工作。截至目前已建立城乡居民养老保险制度、城镇企业职工基本养老保险制度、机关事业单位养老保险制度三大制度，与现行城乡养老保险制度存在较大的差异（表 3-4）。

表 3-4 城乡养老保险制度差异性比较

差异内容	制度类型	
	城镇企业职工基本养老保险制度	城乡居民养老保险制度
缴费主体	机关、事业单位、企业、企业职工、农民工	城镇居民、农村居民
参保方式	强制	自愿
统筹层次	省级	市级
筹资方式	企业为主，个人为辅	个人缴费，集体和政府补贴
缴费比例	企业：20% 个人：8%	100~2000 元（100~1500 元）
体现原则	公平和效率相结合	效率优先、兼顾公平
领取养老金的年龄	男：60 岁 女：干部 55 岁，工人：50 岁	男女：60 岁
筹资模式	部分积累制	基金制（个人账户）
替代率	60%	20%
有无待遇增长机制	有	无

资料来源：根据国家城乡养老保险政策内容和相关资料整理得出。

（1）在参保方式方面，城镇企业职工基本养老保险采取强制参保方式，强制参保方式有利于明确参保者的权利和义务的法律关系，保证参保者缴费的连续性，以保障其基本生活。而城乡居民养老保险采取自愿参保方式，参保者的权利和义务的法律关系不明确，难以保证参保者缴费的连续性。

（2）在统筹层次方面，城镇企业职工基本养老保险实行省级统筹，统筹基金发挥调剂资金余缺的能力较强，有助于实现较大范围参保者之间的公平性。城乡居民养老保险实行市级统筹，统筹层次较低，发挥调剂资金余缺的能力较弱，实现参保者之间公平性的范围较小。

（3）在缴费比例方面，城镇企业职工基本养老保险缴费是以企业为主、个人为辅，企业缴费比例是 20%，个人是 8%；城乡居民养老保险是个人缴费为主，集体和政府补贴，个人根据收入水平选择不同的缴费档次。

（4）在体现原则方面，城镇企业职工基本养老保险制度体现了公平和效率相结合的原则；城乡居民养老保险制度体现效率优先、兼顾公平的原则。

（5）在养老金替代率方面，20 世纪 90 年代末城镇企业职工基本养老保险制度设计的替代率是 60%，城乡居民养老保险制度的替代率是 20%，因替代率不同两种制度之间的待遇水平相差甚远。

（6）在领取养老金的年龄方面，城镇企业职工基本养老保险制度实行男女职工不同龄退休制度，存在性别之间不公平；城乡居民养老保险制度男女领取养老金的年龄统一，体现男女之间公平性。

（7）在筹资模式方面，城镇企业职工基本养老保险制度采取部分积累制，城乡居民养老保险制度采取基金制。

（8）在养老金待遇增长机制方面，城镇企业职工基本养老保险制度自2003年以来，建立了养老金正常的调整机制，使得城镇退休职工的养老保障水平不断提高；城乡居民养老保险制度自2009年推行以来，没有建立养老金正常的调整机制，使得城乡居民的养老保障水平远远低于城镇企业退休职工的水平。

城乡实施有差异的养老保险制度，造成城乡劳动者之间的收入悬殊，城乡居民养老保险制度的差异性越大其公平性越差，城乡养老保险制度越不公平，城乡居民对现行政策的满意度越低。

（二）城乡居民养老保险政策不统一

为了贯彻党的十六大提出的统筹城乡社会保障发展的精神，陕西省在全国范围内较早推行了城乡一体的养老保险制度，被调查的三个市均于2011年实施了城乡居民统一的社会养老保险制度，实现了城乡居民之间的公平。但是三个市的城乡居民养老保险政策不统一，表现在以下三方面（表3-5）。

表3-5　陕西省部分城市城乡居民养老保险政策内容

地区	实施时间	政策	缴费档次	政府补贴	基础养老金	统筹层次
宝鸡市	2011年	《宝鸡市城乡居民社会养老保险实施办法》	100～1500元11个档次	缴费200元以下档次的，补贴为30元/(人·年)；缴费300元的，补贴为40元/(人·年)；缴费每增加100元，补贴增加5元/(人·年)，缴费1500元的，补贴80元/(人·年)	60～69周岁：80元/(人·月)；70～79周岁：90元/(人·月)；80～89周岁：100元/(人·月)；90周岁以上：110元/(人·月)	县级统筹
西安市	2011年	《西安市人民政府关于实施城乡居民社会养老保险制度全覆盖的通知》	100～2000元12个档次	缴费200元以下档次的，补贴为30元/(人·年)；缴费300元的，补贴为40元/(人·年)；缴费400元以上（含400元）的，每提高一个档次，补贴在40元/(人·年)的基础上分别增加5元/(人·年)，最高补贴标准为80元/(人·年)	新农保基础养老金标准为80元/(人·月)；城镇居民基础养老金标准为120元/(人·月)	市级统筹
铜川市	2011年	《铜川市人民政府关于落实城乡居民社会养老保险制度全覆盖的实施意见》	100～1500元11个档次	缴费200元以下档次的，补贴为30元/(人·年)；缴费300元的，补贴为40元/(人·年)；缴费400元以上（含400元）的，每提高一个档次，补贴在40元/(人·年)基础上分别增加5元/(人·年)，最高补贴标准为80元/(人·年)	100元/(人·月)	市级统筹

（1）缴费档次不统一。宝鸡市、铜川市城乡居民养老保险制度为参保者设计了 11 个缴费档次；西安市城乡居民养老保险制度是 12 个缴费档次，城乡居民在缴费档次上的不统一，说明城乡居民养老保险制度仍存在过程不公平。

（2）统筹层次不统一。铜川市和西安市的养老保险基金实行市级统筹，宝鸡市实行县级统筹，城乡居民在统筹层次上的不统一，说明城乡居民养老保险制度仍存在过程不公平。

（3）基础养老金不统一。宝鸡市是按参保者的不同年龄发放养老金，年龄越高的老人领取的基础养老金越多；西安市实施城乡有别的养老金待遇，城镇基础养老金水平高于农村；铜川市实行城乡居民统一缴费标准、统一领取待遇标准。城乡居民在基础养老金发放的标准不统一，说明城乡居民养老保险制度仍存在结果不公平。

陕西省不同地区实施不同的城乡居民养老保险政策，这种"碎片化"的城乡居民养老保险制度不仅导致同一省不同市县之间的养老保险水平存在差异，还导致城乡居民在养老保险制度实施中的参保意愿、政策了解度和满意度之间也存在差异，城乡居民养老保险制度的差异性越大其公平性越差，城乡参保居民的满意度也就越低。

（三）城乡参保居民的缴费水平偏低

缴费水平是衡量养老保险制度过程公平的重要标志。养老保险缴费水平取决于参保者的收入水平，与城镇企业职工相比，城乡居民是非从业人员、没有固定工作和稳定收入，收入低导致其缴费水平低，缴费水平低影响其未来基本生活的保障水平。调查数据显示，被调查的城乡居民选择 100 元缴费档次的占60.5%，选择 200 元的占 6.2%，选择 300 元的占 2.6%，选择 400 元的占 3.7%，选择 500 元、600 元标准的比例也均小于 5%，选择 700 元、800 元、900 元标准的分别占 0.3%、2.1%、0.5%，选择 1000 元、1500 元、2000 元的分别占 5.8%、6.8%、4.8%（图 3-15），城乡居民的养老保险缴费水平偏低。陕西省城镇企业职工基本养老保险制度的缴费水平高于城乡居民的养老保险缴费水平，2016 年陕西省企业职工养老保险的最高缴费基数（300%）是 14 224 元/月，单位按 20%缴费，金额是 2844.80 元/月，个人按 8%缴费，金额是 1137.92 元/月，最低缴费基数（60%）是 2845 元/月，单位按 20%缴费，金额是 569 元/月，个人按 8%缴费，金额是 227.60 元/月。城镇企业职工基本养老保险和城乡居民养老保险两种制度缴费政策的不统一导致其缴费水平存在较大差距，说明现行城乡养老保险制度之间存在过程不公平。

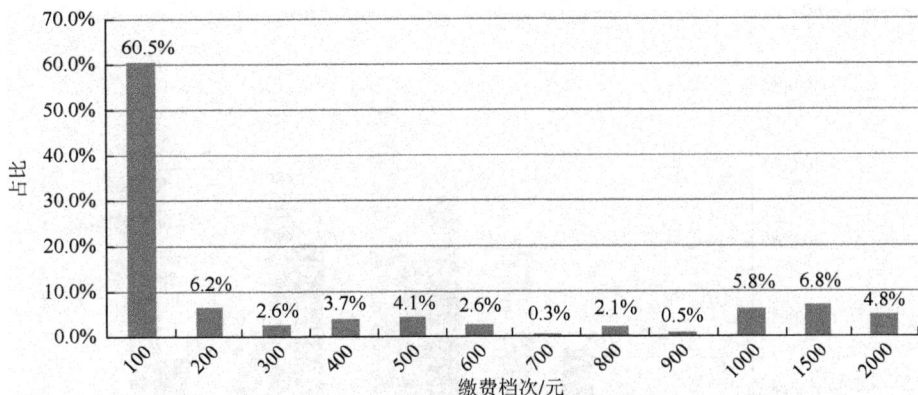

图 3-15　城乡参保居民实际缴费档次选择情况

（四）城乡居民的养老金水平较低

养老金是老年人生活的重要来源，是衡量养老保险制度结果公平的重要指标。养老金待遇水平不仅取决于参保者的缴费水平，还受物价涨幅和工资水平的影响，城乡居民养老保险制度实施以来未建立正常的调整机制，养老金待遇水平较低，城乡居民领取的养老金是 80～100 元/月，而城镇企业职工基本养老保险制度从 2005 年开始以 10%的比例连续 11 次调整待遇水平，2015 年陕西省企业退休人员人均基本养老金是 2312 元/月，说明城乡养老保险制度之间存在着结果不公平。

调查数据显示，36.2%的城乡居民认为养老金一般，30%的城乡居民认为不太够用，15%的城乡居民认为养老金完全不够用，仅有 2.5%的城乡居民认为养老金完全够用，16.3%的城乡居民认为养老金基本够用。在城镇 36.8%的居民认为养老金不太够用，23.9%的居民认为完全不够用，仅有 10.6%的居民认为养老金基本够用和完全够用；在农村，49%和 18.7%的居民认为养老金一般和不太够用，28.9%的居民认为基本够用，3.5%的居民认为完全够用，城镇居民认为养老金不够用的比重高于农村居民（图 3-16）。

四、养老保险制度公平性存在问题的原因分析

（一）农村居民传统的养老观念

我国是典型的城乡二元社会，二元制的城乡经济结构是每个发展中国家由传统农业社会向现代工业化社会转变的必经阶段，是发展中国家普遍存在的城市与农村生产力和组织结构的不对称，是落后的农业生产部门和先进的现代经济部门

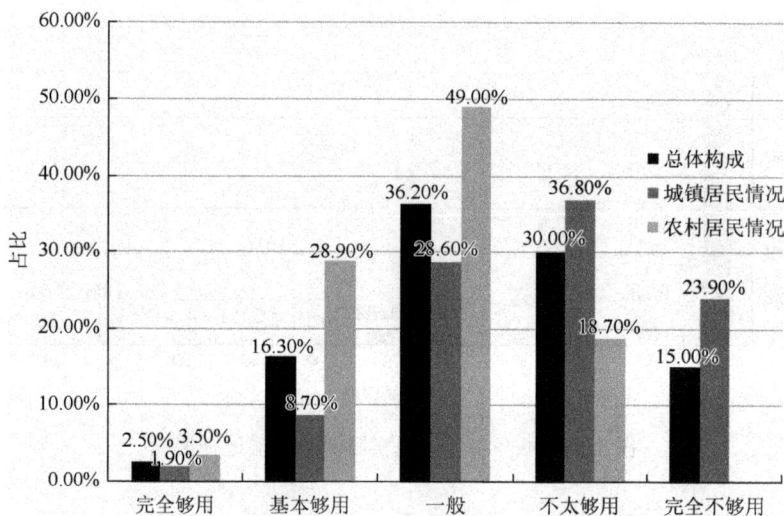

图 3-16　城乡居民对养老金够用程度的认知情况

并存并且差距明显的一种社会经济状态。尤其是我国的户籍制度把公民划分为城镇居民和农村居民，为城镇居民建立起一套较为完善的养老保险体系，而对于农村居民所面临的生、老、病、死、伤、残等风险较少有制度安排，长期以来农村老年人主要依靠家庭养老和土地养老。家庭养老是最古老的方式，是建立在互惠基础上的代际交换行为，其功能主要体现在经济支持、生活照料和精神慰藉，作为非正式的养老方式是我国养老保障体系的基础。

陕西省呈现为典型的城乡二元结构，全省辖 10 个地级市和杨凌农业高新技术产业示范区，包括 4 个县级市、73 个县、30 个市辖区，2016 年末全省城镇人口为 2109.90 万人，占 55.34%，农村人口为 1702.72 万人，占 44.66%。陕西省长期以来受农耕文化的影响，广大居民的小农意识较强，因为早期养老保险制度没有保障农村居民，所以广大农村居民长期以来靠土地生活，养儿防老的家庭养老观念根深蒂固。但随着农村土地依赖性的削弱和人口老龄化程度的加剧，家庭结构发生了重大变化，家庭养老功能逐步弱化。2009 年以来全国实施新型农村养老保险制度，农村居民对政策不太了解，参保积极性不强，后来随着养老保险政策宣传力度的加大，居民开始对社会养老保险政策有了初步了解，从被动参保逐步改变为主动参保。但是在实践中部分青年以农村有土地保障、经济条件不足、待遇水平低等理由拒绝参保，部分外出打工的农村居民认为政府未能承诺解决农民的养老保障问题，受传统家庭养老观念和户籍制度的影响，外来务工人员不能参加城镇企业职工基本养老保险制度，导致城乡养老保险制度之间存在较大差距。

（二）城乡养老保险制度发展的历史性

马克思认为公平具有历史性，不同阶段的公平形成和发展具有一定的历史过程，人们对公平标准的认识不断发生变化，它是一个否定之否定的过程，新的公平是在否定之前公平的基础上产生和发展的。纵观我国城乡养老保险制度的发展轨迹，养老保险制度发展不同阶段对公平性赋予的内涵不同。我国在计划经济时代，根据当时的经济发展水平，建立了满足国有企业职工养老保障需求的单位保障制度，采用了国家保险模式，该制度具有社会主义公有制特色，体现了社会主义制度的优越性，其公平性是以就业和户籍为条件，具有较强的福利色彩。在社会主义市场经济时代，为了提高经济效益和实现社会公平，养老保险的保障范围从有收入人群到无收入人群，从企业职工养老保险制度与机关事业单位养老保险制度的"双轨制"改革为统一制度，从老农保发展为新农保再到目前城乡居民统一的养老保险制度，充分反映了我国养老保险制度的公平具有历史性，随着统筹城乡经济的大发展，社会成员对养老保险制度公平性的诉求越来越强烈。因为在不同的历史发展时期，人们对养老保险制度公平性的认识不同，只有否定了过去养老保险制度的公平性才能发展现在养老保险制度的公平性，这既符合社会历史发展的要求，也符合养老保险制度自身发展的规律。虽然我国现行的养老保险制度在一定程度上实现了起点、过程和结果的公平，缩小了养老保险制度在城乡之间的收入差距，但是按共享发展的理念，目前养老保险制度公平性依然是不足的。

（三）养老保险管理层次较低

（1）养老保险制度衔接缺乏政策性操作。近年来陕西省流动人口的规模不断增加，2011 年流入人口为 54.83 万人，流出人口为 63.76 万人，截至 2015 年省内流动人口 493.85 万人，流出人口为 79.65 万人[①]，为了适应劳动者的流动性，陕西省 2012 年制定了《陕西省流动人口服务管理办法》为流动人口在住房保障和社会保险参保方面提供政策支持，省市人社部门积极落实与贯彻国家颁布的基本养老保险制度衔接政策，然而这些政策在执行中缺乏操作性，影响了城乡参保人养老保险关系的顺利衔接。2014 年出台的《城乡养老保险制度衔接暂行办法》给参保人养老金权益带来了一定的变化，但是存在转移和衔接条件不对等、缴费年限折算政策不合理以及企业职工养老保险的统筹基金不转移等有失公平的问题。因为陕西省企业职工基本养老保险在缴费比例、缴费基数和基础养老金计发办法方

---

① 陕西省统计局. 陕西省 2015 年人口发展报告. http://www.shaanxitj.gov.cn/sxxw/bm/44819.htm[2016-3-16].

面与其他省的办法完全不同，所以流出和流入本省参保人的养老保险关系很难实现跨统筹地区的转移和接续，损害了参保人的养老金权益，影响城乡劳动力的流动，从而导致企业职工对基本养老保险制度转移和接续政策的满意度较低。

（2）养老保险统筹层次较低。养老保险统筹层次的高低决定了一国或地区调剂养老保险基金能力的大小，统筹层次越高，调剂养老保险基金的能力越强，抵御养老保险基金风险的能力就越强。我国养老保险制度改革初期，基本养老保险制度统筹层次以市和县级统筹为主，呈现出统筹层次较低、覆盖面狭窄、基金管理分散和调剂力度小以及抗风险能力较弱的特点，致使欠发达地区因经济发展不稳定出现养老保险基金支大于收的问题较为突出。陕西省自1997年推行社会统筹和个人账户相结合的城镇企业职工基本养老保险制度以来，率先在全国实现了养老保险基金省级统筹管理制度，在全省范围内实现劳动者之间的公平性，而2011年实施的城乡居民养老保险制度实行县级统筹管理，这两大制度安排上的重大差异，影响了企业职工养老保险制度和城乡居民养老保险制度在过程与结果的公平性，同时较低的统筹层次导致养老保险的区域分割，养老保险区域分割扭曲了中央和地方之间以及地方之间的关系，尤其是城乡居民养老保险的地方管理导致更为严重的参保权益区域分割和不平等。因为在城乡居民养老保险制度建设中，为了调动地方积极性，城乡居民养老保险参保和受益资格以户口登记地制度为基础，其待遇水平与地方财政状况直接有关，虽然中央财政处于主导地位，但是管理体制的设计仍然偏向地方。而解决这些问题的有效措施是提高我国养老保险统筹层次，即未来实现全国统筹，这是我国养老保险制度改革和完善的重要目标。通过实现养老保险全国统筹可以提高基金在全国范围内的调剂能力，实现地区之间的收入再分配和不同社会成员之间的互助共济，在一定程度上缩小社会成员发展结果的不公平，有利于贯彻和落实共享发展的理念并体现养老保险制度的公平原则。

（四）养老保险制度缺乏激励机制

（1）城乡居民基础养老金缺乏正常的调整机制。养老保险制度是一把"双刃剑"，过多的公平会损害效率，效率过多又会损害公平。建立健全养老保险制度的激励机制是保证制度公平性和可持续的前提，养老金正常调整机制是每年（或定期）根据社会平均工资增长的一定比例对基本养老金进行适当调整，使老年人的实际生活水平不降低，并适当分享社会经济发展成果。养老金正常调整机制的建立是养老保险制度实现可持续发展以及保障居民基本生活目标的重要前提。陕西省是一个经济欠发达的省份，国有企业覆盖率较高，经济不发达导致财政收入不充足，企业职工基本养老保险制度的运行每年要依靠国家财政的转移支付，2015

年才实现了从经济欠发达省份向中等发达省份的跨越，虽然企业职工基本养老保险的缴费比例（28%）在全国处于较高水平，但是其养老金待遇水平较低。2005～2015年，按照10%的增长幅度连续11年上调了企业退休职工养老金，2015年月平均达2302.24元，在全国处于中上水平。但是城乡居民养老保险制度没有建立基础养老金正常的调整机制，导致城乡居民养老保险的待遇水平较低。例如，2011年西安市城乡居民新农保基础养老金为每人80元/月，城镇居民基础养老金为每人120元/月。2014年城乡居民基础养老金统一为每人130元/月，消除了旧政策中农村居民和城镇居民的待遇差异，虽然在整个养老待遇中占据着比较大的比例，但是和其他人群的养老保险制度相比，城乡居民的养老金替代率偏低，这将会影响城乡居民的参保积极性和对制度的满意度。

（2）城乡养老保险的缴费激励机制不健全。城镇企业职工基本养老保险制度在设计时遵循了公平和效率相结合的原则，具体体现在政策规定缴费年限15年为最低门槛，也制定了"多缴多得、长缴多得"的原则，在参保人员退休基本养老金初次计发时体现了效率原则和"最低门槛"。但在实际执行中，一方面，近年来国家为了体现公平原则不断调整养老金政策，适当向低收入群体倾斜，拉平了原来养老金水平的差距；另一方面，按"最低门槛"15年缴费的人员退休后，较低的养老金又难以保障其基本生活。目前这两方面的矛盾已显现，对养老保险的缴费带来负面影响。目前我国城乡居民养老保险制度虽然建立了"多缴多得、长缴多得"机制，同时规定的补助标准仅是对居民基本养老保险需求的"兜底"设计，虽然提高了不同缴费档次的补贴金额，即缴满15年后每多缴一年费，基础养老金每月增加2元的补贴，较低的补贴标准影响城乡居民参保的积极性，导致城乡参保居民选择较低的缴费档次。

（五）城乡养老保险经办机构服务能力不足

（1）基层经办机构基础建设滞后。城乡居民养老保险制度保障的人群是城乡居民，这些人群居住较为分散，联系不太方便，为基层经办机构开展养老保险服务带来了许多困难。受经济水平和地理位置等因素的影响，目前陕西省部分区县未建立工作经费长效保障机制，导致社会公共服务平台缺少必要的固定电话、计算机、打印机、档案柜等办公设施；部分村（社区）因为建设资金不到位，建立的公共服务站达不到统一的标准，未能有效发挥便民利民的作用。因为缺乏经费所以部分区县管理中心无法正常开展养老保险的相关工作，基层经办机构的执行方法相对简单，对政策宣传不到位，城乡居民接受信息途径较少，信息化建设水平较低，特别是在农村，互联网普及程度较低，农民接受的养老保险信息非常有限，影响了居民的参保积极性和参保率的提高。目前全民参保登记计划在西安市、宝鸡市、澄城县开展试点，加快提高城乡基本养老保险经办机构服务能力的任务迫在眉睫。

（2）工作人员的业务素质有待提高。截至 2012 年底，我国社保经办机构工作人员的负荷比为 1：9000 至 1：10 000，广州、深圳、武汉等部分中心城市经办人员负荷比为 1：20 000 至 1：30 000，服务水平难以保障。2011 年陕西省全面启动城乡居民社会养老保险制度，全省城乡居民参保人数已超过 900 万人，截至 2015 年底，全省城乡居民基本养老保险参保人数 1714.5 万人，参保率 99.65%[①]。随着城乡养老保险制度的覆盖面不断扩大，陕西省部分经办机构的管理水平远远跟不上业务发展的需要，养老保险管理出现"小马拉大车"的局面，尤其是城乡居民养老保险的基础工作均由镇（街）、村（社区）的经办人员负责，基层经办人员队伍建设相对滞后，各区县均存在编制和专职工作人员配备不足、经办机构人员的工资待遇普遍较低、工作任务重、难以招聘到高素质人员，经办人员工作水平与养老保险业务实现精确化管理的发展要求不相适应的问题。

我国养老保险制度发展经历了从城乡分割到城乡整合，制度覆盖从有收入人群到没有收入的人群，目前养老保险制度在发挥保障功能、提高待遇水平和完善管理体制方面取得较大成绩，表明养老保险制度的公平性得到了进一步的改善。但是长期以来受二元经济体制的制约，为不同人群设计的不同养老保险制度，在保障模式、筹资模式、基金来源、待遇水平和政府责任等方面存在显著的差异，虽然在当时社会经济发展的情况下，这种城乡有别和按不同人群的基本养老保险制度存在其合理性，但是有差异的养老保险制度导致社会不公平，阻碍了社会经济的发展，既不符合马克思的公平观，也不符合养老保险制度自身发展的规律。本书通过对陕西省企业职工和城乡居民养老保险制度实施的调查分析，得出现行养老保险制度的公平性存在城乡差异、政策不统一等问题，其原因在于农村居民传统的养老观念和养老保险制度发展的历史性、养老保险的管理层次较低、制度缺乏激励机制和经办机构服务能力低。

（六）城乡经济发展不平衡

（1）经济发展滞后。经济发展是有效实施养老保险制度的重要前提。陕西省地处西北内陆地区，长期以来是经济欠发达的省份，伴随我国西部大开发战略的实施，陕西省经济快速发展，但是与东南沿海省市相比，陕西省在居民收入和统筹城乡程度方面仍有较大的差距。陕西省的产业结构不合理，虽

---

① 2016 年陕西省养老保险经办会议.http://www.shanxihrss.gov.cn/admin/pub_newsshow.asp？id=1010616&chid=100079[2016-4-1].

然近几年来经济增长较快,但是经济增长对就业拉动的作用还比较有限,尤其是第二、第三产业吸纳就业的能力较弱,就业机会不足,第一产业还存在更多的不充分就业劳动力。不充分的就业致使劳动者参加养老保险的机会较少、缴费的能力不足(表 3-6)。

(2)城乡居民收入差距较大。自 21 世纪以来,陕西城镇居民收入也进入了持续较快的增长期,城乡居民收入在全国的位次虽有前移,但总体还居于中间靠后的位次。2005 年,与全国平均水平相比,陕西居民收入增长滞后于国内生产总值,2012 年陕西人均生产总值超过全国平均水平,在全国的排名挤进第二梯队,居第 14 位,但城镇居民人均可支配收入只相当于全国平均水平的 84.41%,而农村居民人均纯收入只相当于全国平均水平的 72.8%,居全国第 26 位(表 3-7)。城镇居民人均可支配收入在全国的排名由 2007 年的第 26 名,上升到 2008 年的第 22 名,2009 年继续上升至第 18 名,2011~2014 年排名稳定在第 18 名、第 19 名。农村居民人均纯收入的排名长期处于后位水平,2000~2007 年,始终在第 28 名、第 29 名之间徘徊,仅排在甘肃、贵州、云南、西藏等省(自治区)之前。近 20 年来陕西经济增长迅速,城乡经济发展不平衡导致城乡收入差距较大。较低的经济发展水平导致城乡居民收入水平低,从而引起城乡居民选择较低的缴费档次,较低的缴费档次致使未来居民的养老保险待遇水平较低。

表 3-6　陕西省 2012~2016 年经济发展情况

年份	生产总值/亿元	人均生产总值/元
2012	14 451.18	38 557
2013	16 045.21	42 692
2014	17 689.94	46 929
2015	18 178.16	48 023
2016	19 165.39	50 395

资料来源:陕西省统计局.2012~2016 年陕西省国民经济和社会发展统计公报。

表 3-7　陕西省 2012~2016 年城乡居民收入情况

年份	城镇居民收入/元	农村居民收入/元	城乡收入比
2012	20 734	5 763	3.6∶1
2013	22 858	6 503	3.5∶1
2014	24 366	7 932	3.1∶1
2015	26 420	8 689	3.04∶1
2016	28 440	9 396	3.03∶1

资料来源:陕西省统计局.2012~2016 年陕西省国民经济和社会发展统计公报。

（七）政府责任界定不清晰

政府是养老保险制度的主要组织者，政府不仅要通过税收、财政拨款等方式提供大量的资金支持，还要出台有关政策加以引导，并制定相关法律法规保障其实施，只有政府积极参与、主动承担责任，城乡地区的社会养老保险才能有效实施，然而我国政府在养老保险制度设计和发展中存在着责任界定不清晰的问题。长期以来国家养老保障制度的主要保障对象是城镇职工，而农村养老保险制度的发展一直处于停滞状态。国家长期推行"重工轻农"的政策，政府将发展的中心放在城市的发展上而忽视了农村发展，是国家对农村养老保障工作重视程度不够、财政支持力度不足的主要原因，也是造成农村养老保险制度的建设及其立法工作严重滞后等问题的主要原因。中华人民共和国成立以来颁布了许多法律、法规用来规范城镇社会保障制度，虽然立法的层次还不是很高，但它的数量已远多于农村养老保险立法，内容从社会保险、社会救助到社会福利、社会优抚等社会保障的各方面都有涉及。但对于农村社会保障工作来说，到目前为止仅有几部专门调整农村社会保障的法规。2011 年国务院颁布《中华人民共和国社会保险法》，我国城镇养老保险制度在经历部分国家统筹型、企业保险、社会保险几个阶段的转变后，逐渐形成了部分积累、统筹面较广、层次多样化的养老保险制度。

以福利型国家英国为例，英国特别强调政府在社会养老保险方面的出资责任，以灵活多样的方式对社会养老保险进行补贴，以保证社会保险体系能够有效运转，同时，政府还参与对养老保险服务机构的管理和过程监督，建立有效的养老基金控制机制。目前，我国财政部只是对社会养老保险基金的存入进行监管，一方面，基金的缴纳和支付管理出现了空缺，忽视了部分参保人员少缴、不缴的现象；另一方面，因为缺少监管，所以出现了挪用、滥用养老基金现象，导致大量的基金被侵蚀，资金没有及时发挥保障作用。

第四章 我国统一养老保险制度模式设计

一个有效的养老保险制度设计与科学合理的建制理念密切相关。理念是养老保险制度的核心动机，是养老保险制度建构的指导思想和宗旨，也是养老保险制度的精髓和灵魂。

第一节 统一养老保险制度模式设计理念

党的十八届五中全会提出"创新、协调、绿色、开放、共享"五大发展理念，共享发展理念的内涵是指共建和共同参与，普惠享有，共享发展是五大发展理念的起点和目标。我国统一养老保险制度模式的设计要遵循共享发展理念。共享发展理念是对社会公平正义的捍卫和坚守，共享的前提是公平正义的分配；同时共享发展理念强调作出有效的养老保险制度安排，逐步实现以起点公平、过程公平和结果公平为目标的养老保障体系。

一、共享发展理念体现马克思主义的公平正义原则

公平理论是马克思主义理论体系的重要组成部分。中国共产党不断继承和丰富马克思的公平理论，在我国不同的经济发展阶段，养老保险制度发展始终遵循社会公平的理念。自中华人民共和国成立以来，形成了社会主义按劳分配的公平观，通过实施《中华人民共和国劳动保险条例》，保障城镇公有制企业职工退休后的基本生活，充分体现社会主义制度的优越性。在社会主义市场经济体制建设中，结合我国国情，坚持中国特色的社会主义发展道路，在大力发展社会主义经济建设中坚持"效率优先、兼顾公平"的原则，出台一系列政策将企业职工养老保险制度从国家保险模式改革为社会保险模式，实行养老保险的社会化，以体现企业在市场竞争中的公平性。伴随经济改革开放步伐的加快，我国出现了社会贫富差距悬殊的现象，面对各种社会矛盾，胡锦涛在党的十八大报告中首次提出"三个公平"，其中权利公平是地位平等的体现，是构建和谐社会的基础；机会公平是利益起点平等的体现，是社会和谐的过程保障；规则公平是制度和标准平等的体现，更是和谐社会建设中的关键一环。"三个公平"对于彰显中国特色社会主义的价值优势和制度优势具有重大现实意义。

共享发展理念体现了马克思主义的公平正义原则。在党的十八大以来为了加快全面建成覆盖城乡居民的社会保障体系，多次强调：全面深化改革必须以促进社会公平正义，增进人民福祉为出发点和落脚点。全面深化改革必须着眼创造更加公平的社会环境，不断克服各种有违公平正义的现象，使改革发展成果更多更公平惠及全体人民。共享发展理念与马克思关于人的自由全面发展理论是一脉相承的；同时共享发展理念既继承了我国改革开放以来正确的发展理念，从共同富裕到科学发展观到包容性发展再到共享发展，既有一脉相承的坚持，也有与时俱进的创新，集中体现了中国共产党执政为民的理念，成为我国养老保险制度发展的新起点和新目标。

二、共享发展理念是中国特色社会主义的本质要求

公平正义是现代文明社会所追求的价值理念，也是中国特色社会主义的内在要求，共享是我国社会经济发展的重要原则，也是我国设计统一养老保险制度模式的重要理念。就养老保险制度覆盖面而言，共享是全民共享；就养老保险制度内容而言，共享是全面共享；就实现途径而言，共享需要共建；就推进过程而言，共享是渐进共享。贯彻落实共享发展理念，按照人人参与、人人尽责、人人享有的要求设计我国统一养老保险制度模式，具体表现如下。

1. 统一养老保险制度保障全体国民

马克思和恩格斯指出共享发展的主体应该是全体社会成员，以所有人的富裕作为社会发展的最终目标。人人享有养老保障是社会主义制度的出发点和落脚点，也应成为中国特色养老保险制度定位的基本目标。养老保险制度的实施是关系全体社会成员养老利益的问题，它必须通过一定的规则或制度来实现，没有科学、合理的规则或制度做保证，养老保险制度无法实现其社会性和公平性。习近平指出：进一步实现社会公平正义，通过制度安排更好保障人民群众各方面权益。要在全体人民共同奋斗、经济社会不断发展的基础上，通过制度安排，依法保障人民权益，让全体人民依法平等享有权利和履行义务。党的十八届五中全会明确提出共享是中国特色社会主义的本质要求，必须坚持发展为了人民、发展依靠人民、发展成果由人民共享，因此我国养老保险制度统一的目的是保障全体社会成员。

2. 人人参与共建统一养老保险制度

马克思从公有制代替私有制分析中，要求社会成员与生俱来拥有的禀赋

是相等的，人的生、老、病、死是自然规律，老有所养是社会成员享有的基本权利。共享发展的理念是人人尽责，共同建设。基本养老保险制度是全体社会成员共同筹集资金抵御养老风险的保障机制，也只有在实现生产资料公有制的社会主义国家才能实现，因为社会主义制度优越于资本主义制度，在这个社会中更加注重社会公平，也是实现人人全面发展的社会，结合共享发展理念强调的人人参与、人人尽责、人人享有。我国社会主义社会的本质是法制社会，在统一养老保险的规则面前人人平等，规则一旦制定，每个人都应自觉遵守。同时，在养老保险公平规则面前，每个人受同样的行为规范的约束，在同样的规则中履行缴费义务和享受养老金待遇，真正体现养老保险制度的起点公平性。

3. 共享机会的统一养老保险制度

马克思认为分配关系是一种客观存在的不以人的意志为转移的经济关系，分配就其决定性的特点而言，总是某一个社会的生产关系和交换关系以及这个社会的历史前提的必然结果，要求在劳动分配中对所有社会成员应一视同仁。共享发展理念强调机会均等、全民共享、更公平有效的收入分配制度和基本养老保险制度。每个国家为全体社会成员建立了基本养老保险制度之后，按照权利与义务的对等原则，劳动者在劳动期间缴纳了养老保险费，在退出劳动领域后可享受养老保障，统一养老保险制度为全体老年人提供了基本生活保障，使老年人在遭遇老年风险面临生活困境时能获得物质帮助，为老年人的基本生存提供了一种机会的平等。维护社会的公平正义，实现社会成员共享社会发展成果，是统一养老保险制度的核心目标。

4. 共享成果的统一养老保险制度

共享发展成果是人类社会发展的理想和目标。按照马克思主义关于公平是一个完整、有机联系统一体的理解，它只是禀赋公平与过程公平的产物，如果禀赋公平与过程公平都很好地做到了，那么结果公平也就自然得以实现，即统一养老保险制度是一种再分配的调节手段，具有缩小城乡居民收入差距的功能，促进和实现了结果公平，具体反映在城乡居民的养老金待遇水平实现公平上。我国通过建立统一养老保险制度，不仅能保障和满足全体社会成员在年老时基本生活的需求，还能解决因不同养老保险制度带来的城乡之间、地区之间、人群之间养老保障待遇的不公平问题，真正实现养老保险制度的结果公平。

第二节　统一养老保险制度模式设计原则

一、权利与义务相统一的原则

1. 享受养老保险是每个社会成员的基本权利

马克思指出：生产者的权利是和他们提供的劳动成比例的，平等就在于以同一的尺度劳动量来计量。在以公有制为主体的社会主义国家里，由于生产力水平较低、产品没有达到极大丰富的程度，人们需要的满足必须以劳动量为依据，劳动是每一个劳动者获得享受的前提，他们的劳动量与需要的满足量成比例。在人类社会发展中，人的生、老、病、死是自然规律，每个人都要面临老年问题，为了满足其老年生活需要，建立和发展基本养老保险制度十分必要。从基本养老保险的保障性出发，老年生活的需要是一切人的本性，人类通过各种社会实践活动来满足自身的需要，每个劳动者在年轻时通过劳动参加基本养老保险制度，为自己年老时储备养老金，以获得老年生活的基本保障，未来我国实现统一养老保险制度也是更加公平地为老年人提供基本生活需要，也就实现了每个社会成员享受基本养老保险的基本权利。

2. 缴纳养老保险费是每个社会成员履行的基本义务

养老保险是社会保险的重要险种之一，属于准公共产品，参保人要履行一定的义务才能享有权利。权利与义务相统一是基本养老保险制度发展遵循的重要原则之一。在城乡基本养老保险制度实施过程中，法定人员必须履行缴纳养老保险费的义务，只有当参保人员履行了缴费义务，当他的就业出现跨地区流动或职业身份变化，要求其养老保险关系随之发生转移时，才能确保其养老保险权利与义务的不分离。在统一养老保险制度实施中，只有坚持权利与义务相统一的原则，才能保证城乡参保人员的待遇在转移过程中不遭受福利损失，才能确保参保人员已经积累的养老金权益。

二、公平优先与兼顾效率原则

1. 公平是养老保险制度遵循的优先原则

在现代社会中，公平是一种道德标准，公平是社会政策制定的基本依据，也是社会成员实现"基本保障权利"的基本准则。基本养老保险制度自产生以来，在收入再分配领域发挥着重要的调节手段，国家通过养老保险立法采取强制手段对社会资源进行再分配，为全体劳动者在年老后提供基本生活保障，以维护社会公平。公平原则是养老保险制度的出发点，也是其落脚点。养老保险制度遵循公平优先原则的目的是实现全体社会成员在年老时获得基本生活保障，这是稳定社会和促进经济发展的一种基本经济制度安排。统一养老保险制度的公平优先原则不仅要体现在全体社会成员之间的代际供养方面，还要体现在全体老年人的基本生活水平随经济发展不断提高以分享社会经济发展的成果方面。

2. 效率是养老保险制度遵循的重要原则

养老保险制度的最大效率性就是实现和维护社会公平。因为公平和效率是辩证统一的，没有公平的社会环境就不可能提高社会效率，提高效率是为了促进更加公平的社会。养老保险制度的宗旨是保障社会成员退出劳动领域后享受国家提供的基本生活保障，从劳动者自身而言，通过劳动参加基本养老保险是为了实现养老保障，但是劳动者在不同地区流动中因养老保险关系难以实现转移和接续，不仅会影响劳动者的劳动积极性和参保意愿，还会影响社会效率。因此，统一养老保险制度成为落实城乡劳动者养老权益的制度保障，国家在尽快完善和出台相关政策的同时，养老保险经办机构的服务效率则成为城乡养老保险关系转移和接续的关键环节。统一养老保险制度的设计要遵循效率原则，尽可能减少经济和社会成本。当参保人员在申请办理城乡养老保险关系衔接手续时，经办机构要本着效率原则，通过简化办理环节，实现操作技术流程的便捷性和标准化，满足参保人员对养老保险权益的效率要求。

三、普遍性原则

1. 养老保险是互助共济的制度

养老保险制度是一项分散老年风险的保障机制，它是集中分散的社会资金，补偿因老年风险而造成的损失，全体社会成员共同支付的养老保险费是对老年风险导致的损失予以补偿。养老保险制度遵循普遍性原则，要求全体社会成员参加养老保险，通过事前分散养老保险风险和事后分摊养老风险的经济补偿，有助于提高基本养老保险制度的共济性，增强基本养老保险制度抵御老年风险的能力。按照大数法则，由全体用人单位和劳动者共担老年风险，城乡养老保险制度是按社会统筹和个人账户相结合的模式运行的，社会统筹基金（也称基础养老金）是全社会的企业按统一的缴费比例缴纳形成的基金，这种统一征收、统一支付与管理充分体现了养老保险的普遍性原则。

2. 养老保险是重要的社会政策

养老保险是一项社会化的事业，任何个人和团体都无法使养老保险实现其功能的社会化。只有通过国家、政府的权威性以及立法的形式来实施，才能保证养老保险制度的统一性和公平性。建立养老保险制度的目的是满足老年人的基本生活需要，政府是实现养老保险制度社会功能的管理者、组织者和承担者，政府通过履行制度设计、财政支持、统一管理等职能，以实现城乡基本养老保险制度的普遍性。养老保险制度对于社会成员来说，不分部门和行业，不分有无职业，也不分城市和农村，只要社会成员面临老年风险和符合享受养老保险的基本条件，都应普遍地、无例外地给予基本生活的物质保障。社会成员普遍地享受养老保险保障，是生产社会化和以生产资料公有制为基础的社会主义社会的客观要求。

第三节　构建我国统一养老保险制度模式

一、统一养老保险制度模式框架

我国现行养老保险制度由城镇企业职工基本养老保险制度、机关事业单位养老保险制度、新型农村社会养老保险制度、城镇居民社会养老保险制度四部分构成，这四种制度的设计虽然适应了当时不同经济发展的状况，保障了城乡社会成员的基本生活，但是按照马克思公平理论的要求，我国目前养老保险制度的不公平性表现为城乡差异、人群差异和区域差异，导致这些差异的原因是我国在设计养老保险制度中缺失公平的理念，具体表现为全体社会成员在养老保险制度的参保方式、缴费比例、政府责任、待遇水平、领取养老金年龄的政策规定没有实现全国统一，所以要遵循共享发展理念设计未来我国统一的养老保险制度。

养老保险制度是社会保障制度的重要组成部分，从长远而言基本养老保险制度应当围绕促进公平性、共济性进行根本性的改革，以熨平一次分配带来的收入差距。如何建立我国统一养老保险制度模式？本书借鉴国外的经验，遵循我国"全覆盖、保基本、多层次、可持续"方针，倡导社会保障国民待遇的理念，把构建普惠和公平的国民基础年金制度作为我国养老保险制度改革的"牛鼻子"（林闽钢，2014），构建政府主导、基础统一、全面覆盖的统一养老保险制度。该制度的设计要体现公平性和社会性，不与收入和职业相关联，以实现养老保险"公平、正义、共享、普惠"为目标,实行统一标准、统一管理和统一支付。首先,统一养老保险制度是全民参保,将全体社会成员不分城乡户籍、区域、有无职业全部覆盖制度内,采取强制的参保方式;其次,统一养老保险制度实行统一管理,资金来源于中央财政统一补贴和个人缴费,统一缴费标准,养老保险基金收支纳入财政预算,采取均一制费率和现收现付制,实行全国统筹;最后,统一养老保险制度实行统一支付,规定全国统一的固定养老金给付额和领取养老金的年龄,建立与经济发展和物价变动相协调的养老金水平增长的联动机制,提高老年人的养老保障水平。

本书设计的我国统一养老保险制度模式的框架如图 4-1 所示。

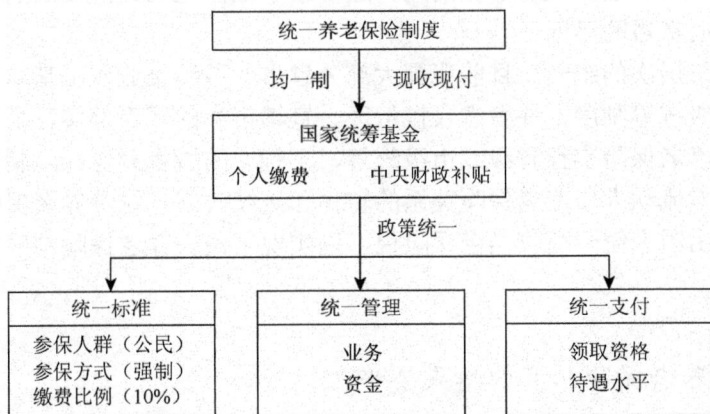

图 4-1　我国统一养老保险制度模式框架图

二、统一养老保险制度模式的公平性

(一)实现养老保险制度的起点公平

(1)参保人群的统一。我国现行养老保险制度按城乡户籍和职业身份划分参保人群,存在身份歧视和不公平的现象,未来统一养老保险制度取消户籍和职业身份,统一按公民身份参与养老保险,消除养老保险制度在人群之间的差异,以体现养老保险制度的起点公平性。

(2)参保方式的统一。现行城乡养老保险制度存在参保方式不统一,企业职工基本养老保险制度和正在推行的事业单位养老保险制度采取强制方式参保,而城乡居民养老保险制度采取自愿方式参保,这不符合养老保险制度强制性的特征,未来城乡居民养老保险制度也要采取强制性方式,通过强制性明确养老保险参保人的权利和义务关系。只有强制参保才能保证参保人的机会公平，符合共享发展理念的人人参与和共建养老保险制度的要求。

（二）实现养老保险制度的过程公平

（1）政府责任的统一。政府是举办养老保险制度的主体，为老年人提供基本生活保障是政府义不容辞的基本职责，目前我国政府在城乡养老保险制度中承担的责任大小和边界较为模糊。未来统一的养老保险制度根据参保人群和受益人群的不同特点，中央政府承担的责任在全国范围内应是统一的，各级政府承担的责任也应是统一的，通过政府责任的统一逐步缩小地区之间经济发展的不平衡，有利于实现共同富裕的目标。

（2）统筹层次的统一。目前我国大部分省市的城镇企业职工基本养老保险制度已建立省级统筹制度，许多省（自治区、直辖市）的新农保实行县级统筹，城镇居民社会养老保险实行省级或市级统筹，不统一的城乡养老保险制度的统筹层次会严重影响流动人口养老保险关系的转移和接续。未来统一养老保险制度实现全国统筹，由国家统一征收养老保险税，以实现全民在养老保险制度实施中的过程公平。

（三）实现养老保险制度的结果公平

（1）享受养老金待遇年龄的统一。目前我国不同养老保险制度对法定退休年龄规定是不同的，城乡居民养老保险制度规定 60 岁领取养老金，城镇企业和机关事业单位的退休年龄男性是 60 岁，女性中，女工人是 50 岁，女干部是 55 岁，统一养老保险制度将 60 岁定为全民享受养老金待遇的法定年龄，统一领取养老金的年龄既体现了参保者的结果公平，也实现了男女性别的公平。如果在今后实行延迟退休政策后，基本养老保险的全体参保者仍然要实行统一的养老金领取年龄。

（2）保障水平的统一。保障水平的高低由养老保险制度的替代率决定。替代率是退休职工的养老金水平与在职职工工资水平的比重。按国际劳工组织的标准，养老金替代率在 40%～50%。我国 1997 年推行的城镇企业职工基本养老保险制度目标替代率是 60%，近年来随着物价上涨我国养老金替代率有所下降。未来统一养老保险制度的国家养老金制度的替代率设定为 50%，全体国民的保障水平在全国是统一的，要真正实现养老保险制度的结果公平。

第四节　实现统一养老保险制度模式具备的现实条件

一、不断完善的政策体系

（一）政府高度重视推进实现养老保险制度统一相关政策的制定

养老保险制度是社会保障制度的重要组成部分，深化养老保险制度改革是完善我国社会保障制度的重要任务，未来实现养老保险制度的统一是我国养老保险制度的奋斗目标。为了实现养老保险制度的公平性，近年来政府不断加快养老保险制度改革的步伐，党的十八大报告指出：要加快实现城乡社会保障制度的统筹发展。党的十八届三中全会指出：要建立更加公平可持续的社会保障制度。党的十八届五中全会提出：建立更加公平更可持续的社会保障制度，实施全民参保计划，实现职工基础养老金全国统筹。同时政府连续出台相关政策，2009 年的《城镇企业职工基本养老保险关系转移接续暂行办法》、2010 年的《中华人民共和国社会保险法》和 2014 年的《城乡养老保险制度衔接暂行办法》，明确提出我国企业职工养老保险、新农保以及城镇居民养老保险将实现衔接转换。2014 年 4 月国务院决定将新农保和城镇居民养老保险两项制度合并实施，在全国范围内建立统一的城乡居民基本养老保险制度，2015 年的《国务院关于机关事业单位工作人员养老保险制度改革的决定》，这些重大政策的出台有利于推进养老保险制度的统一，其目标是在 2020 年前，我国全面建成公平、统一、规范的养老保险制度。

（二）户籍制度改革步伐的加快消除了实现统一养老保险制度的巨大障碍

在 20 世纪 50 年代后期形成的户籍制度是我国重要的人口管理制度。我国户籍制度根据血缘继承关系和地理位置把户口划分为城镇户口和农村户口，该制度在计划经济和改革开放时期发挥重要的作用，是各地差异化制度得以实行的有效屏障，同时带来许多负面效应，涉及公平和效率等问题（孙文凯，2017）。这种城乡二元户籍制度成为城乡之间森严的壁垒，导致城乡劳动力不能自由流动，使农村居民无法享受与城镇居民均等的公共产品和服务。随着工业化和城市化进程步伐的加快，城市流动人口的数量逐年上升，城乡户籍制度对流动人口参加养老保险制度同时存在着阻碍作用，虽然在沿海发达城市中有大量的外来务工人员，结合他们的特征制定了养老保险制度，例如，上海的农民工综合保险和深圳市外来务工人员社会保险，还有部分城市规定流动人口中相对稳定的农村劳动者可以参加灵活就业人员的养老保险制度，流动性较强的农村劳动者可以参加新农保制度；

同时部分城市在城中村改造过程中，户籍制度功能逐渐弱化，一些地方也通过鼓励农民进城落户、农转非等方式逐步减少原有的户籍制度束缚，但是农民与城镇居民依然享受着完全不同的养老保障待遇，制度差异较大。党的十八大报告提出要深化户籍制度的改革步伐，各地纷纷放宽农民进城落户政策，特别是提倡农民进入小城镇，这将有利于消除农民与城镇居民身份的差异。2014 年 7 月 30 日国务院印发《国务院关于进一步推进户籍制度改革的意见》，提出要建立城乡统一的户口登记制度，取消农业户口与非农业户口的性质区分，扩大基本养老等城镇基本公共服务的覆盖面，该意见破除了城市与农村的身份差别，对消除城乡二元体制和打破城乡户籍制度，推进城乡基本养老保险制度统一具有重要的现实意义。根据《关于 2015 年深化经济体制改革重点工作的意见》，目前，全国许多省（自治区、直辖市）正式出台了本省（自治区、直辖市）的户籍制度改革意见，户籍制度的改革逐步实现城乡基本公共服务均等化，让城乡居民平等地享受改革发展的成果，为实现统一养老保险制度提供了有利的配套政策支持。

（三）土地政策的变化推进了实现养老保险制度统一的步伐

我国是一个典型的城乡二元社会，长期以来土地是农村传统的保障方式，是劳动者生存的来源，也是农民获得全部保障的基础。在家庭联产承包责任制的背景下，由于农村社会养老保险制度建设滞后，大部分农村居民靠土地为生的家庭养老，制约了土地的流转，束缚了农村劳动力的流动。在现行的土地制度下，农民基本都拥有土地，满足基本的生活需要。伴随农业人口不断增加，土地非农化趋势严重，加之现行土地制度的缺陷，农业基础设施脆弱和农业成本不断上升，近几年来在土地流转过程中，农村传统的土地保障面临冲击。由于城镇化进程的加快，农民拥有的土地功能逐渐弱化，同时随着劳动力流动性的加强，农村富余劳动力进城务工，在人口老龄化的背景下，农村"养儿防老"的功能也逐渐减弱。随着城镇化进程的加快，农民拥有的土地数量不断减少，同时土地的保障功能逐步弱化，农民对其依赖性降低，加之城镇就业机会的增多，较多的农村青年人进城务工，逐步融入城市生活，在增加城乡居民收入的同时，参加城乡居民社会养老保险制度的积极性越高，越能够加快推动我国实现统一养老保险制度的步伐。

二、逐步加大的财政支持力度

（一）经济发展为实现统一养老保险制度奠定物质基础

经济发展是养老保险制度正常运行的物质基础，政府对养老保险制度履行职责的重要体现是公共财政的支出。我国长期以来受城乡二元财政体制的影响，造成城乡之间的公共产品和公共服务完全不均等。无论财政供给政策还是财政供给责任划分，城市居民都享受着政府提供的各种公共产品和服务，而农村居民没有享受或享受较少。近年来，随着我国经济的飞速发展，国内生产总值逐年增加，2011 年我国国内生产总值已经达到 489 300.6 亿元，相当于 2005 年国内生产总值的近 3 倍。在前期经济快速发展的基础上，财政收入也随之增加，中央财政收入在 2015 年达到 69 267.19 亿元，地方财政收入为 83 002.04 亿元（表 4-1），我国经济的发展增加了财政收入，财政收入的增加又为实现养老保险制度统一提供了强有力的经济支持。

表 4-1　2010～2015 年我国国内生产总值和财政收入情况

年份	国内生产总值/亿元	中央财政收入/亿元	地方财政收入/亿元
2010	413 030.3	4 288.47	40 613.04
2011	489 300.6	51 327.32	52 547.11
2012	540 367.4	56 175.23	61 078.29
2013	595 244.4	60 198.48	69 011.16
2014	643 974.0	64 493.45	75 876.58
2015	676 708.0	69 267.19	83 002.04

资料来源：2010～2015 年国家统计局数据。

（二）公共财政的不断投入保证统一养老保险制度的正常运行

自 2005 年以来，中央财政和地方财政的收入均呈现较大幅度的增长，财政收入的增加成为我国养老保险制度运行的坚强物质基础。尤其在推进统筹城乡经济发展的过程中，加大对城乡居民等弱势群体的财政补贴，截至 2012 年，中央和地方政府在补贴新农保和城镇居民养老保险方面共拨付补助资金近 2000 亿元[①]。随着城镇企业职工退休人数的不断增多，养老保险基金支出的日益增加，各级财政对基本养老保险基金的补贴也逐年增长（表 4-2），2011 年各级财政给城镇企业职工养老保险支出的补贴额为 2272 亿元，2015 年补贴额为 4716 亿元，这充分说明了在前几年经济快速发展的有利条件下，我国各级财政实力不断增强，政府高度重视养老保险事业的发展，不断增加公共财政支出，保证我国基本养老保险制度的正常运行，未来将通过建立长效的公共财政分担机制，为统一养老保险制度提供强有力的资金支持。

---

① 全国城乡居民社会养老保险制度研讨会. http://www.gov.cn/content-2216906.htm[2012-09-04].

表 4-2　2011～2016 年我国城镇职工基本养老保险基金支出和各级财政补贴的情况

年份	支出额/亿元	增长	补贴额/亿元
2011	12 765	20.9%	2 272
2012	15 562	21.9%	2 648
2013	18 470	18.7%	3 019
2014	21 755	17.8%	3 548
2015	25 813	18.7%	4 716
2016	31 854	23.4%	6 511

资料来源：2011～2015 年中国人力资源和社会保障事业发展统计公报。

三、日益增强的社会支持度

（一）城乡居民的社会养老保险观念逐步增强

统一养老保险制度发展需要整合养老保险制度、衔接养老保险制度、统一养老保险制度三个步骤，统一养老保险制度发展的重点是农村基本养老保险制度，农村居民是参加城乡居民基本养老保险制度的主体，提高他们的参保积极性非常关键。早期农村长期缺乏养老保险制度安排，农村居民"养儿防老"的传统观念较为严重，随着人口老龄化进程的加快和农村富余劳动力人口的增加、农村家庭结构的变化，出现老龄化和少子化的现象，家庭养老功能逐步弱化。自 2009 年新农保和 2011 年城镇居民社会养老保险制度推广以来，城乡居民家庭养老观念逐步发生转变，城乡居民对基本养老保险的认知度较高，参加基本养老保险的比重也越来越高，充分说明我国居民对实施统一养老保险制度的意愿较为强烈，这将为今后实现统一养老保险制度提供有力的社会支持。

（二）信息技术的发展为统一养老保险制度提供了有力的技术支撑

城乡基本养老保险是一项服务性强的工作，为了实现"记录一生、服务一生"的目标，经办机构养老保险服务业务的信息化建设既是提高养老保险制度运行效率的重要依托，也是实现养老保险关系在各项制度间转移和接续的技术支撑。自2003 年以来我国正式实施信息化改革，以"金保工程"为依托来实现信息共享，建立以统一、高效、简便、实用为特征的全国性的劳动保障信息服务系统，在 2008 年末共有 25 个省（自治区、直辖市）实现了与全部所辖地市的联网，有 87.3%的地级以上城市实现了与省数据中心的联网，城域网覆盖到 85%的经办机构，有 229 个地级以上城市开通了 12333 劳动保障咨询服务电话[①]。截至 2015 年底，全国 31 个省（自治区、直辖市）和新疆生产建设兵团均已发行全国统一的社会保障卡，实际发卡地市（含省本级）达到 369 个，持卡人数达到 8.84 亿人，社会保障卡普及率达 64.6%。全国 31 个省（自治区、直辖市）[②]和新疆生产建设兵团均已建设城乡居民养老保险信息系统。城镇职工养老保险关系转移系统已有 29 个省（自治区、直辖市）和新疆生产建设兵团的 347 个地市（含省本级）正式接入。全国已有 349 个地市级以上人社部门（含省本级）开通了 12333 电话咨询服务[③]。未来通过"金保工程"业务专网，将建立全民参保登记的信息共享和业务协同机制，2017 年底前实现对参加全民参保登记地区的数据全覆盖。

我国统一养老保险制度不仅体现在政策方面的统一，还体现在养老保险业务经办信息化管理的统一。我国目前实施的全民参保登记计划，对养老保险信息技术的开发提出了新要求。在"互联网 +"的社会信息化发展的时代，计算机技术的发展以及社会网络化办公的普及，是为了实现城乡参保人基本养老保险信息在不同制度之间的传递和衔接，以及参保人在全国不同地区之间的养老保险关系转移，社会信息技术为统一养老保险制度提供了较好的技术保障。

---

① 2008 年度人力资源和社会保障事业发展公报. http://www.mohrss.gov.cn/SYrlzyhshbzb/zwgk/szrs/tjgb/201107/t20110723_69905.html[2011-07-23].

② 未包含香港、澳门、台湾。

③ 2015 年度人力资源和社会保障事业发展统计公报. http: //www.mohrss.gov.cn/SYrlzyhshbzb/dongtaixinwen/buneiyaowen/201605/t20160530_240967.html[2016-05-30].

第五章　影响我国统一养老保险制度因素的实证分析

为了体现养老保险制度的公平性，实现统一的养老保险制度是十分必要的，养老保险制度作为一项重要的社会政策，其保障作用的发挥将会受多种因素的影响。本章基于文献研究观点，分析影响我国统一养老保险制度的因素及其关系，有助于为对策建议提供思路。

第一节　研　究　设　计

一、模型构建

统一养老保险制度是为了实现全体国民基本养老保险权益的共享，是我国养老保险制度发展的终极目标，也是实现养老保险制度更加公平可持续的关键。本书基于现有国内外文献研究成果，以社会成员对统一养老保险制度的意愿为出发点，构建统一养老保险制度影响因素的理论模型，深入分析统一养老保险制度的影响因素，为推进我国统一养老保险制度模式提供理论支持。本书基于现有研究文献得出影响统一养老保险制度的因素较多，可分为制度内因素和制度外因素，也可分为宏观因素和微观因素。

（1）宏观因素。大部分学者认为制度、政治、经济、文化、意识形态、人口结构会影响养老保险制度统一，尤其是城乡养老保险制度模式不同，制度之间的差异（包括保障对象、保障方式、资金筹集、给付水平、统筹范围、保障性质、资金运行、替代率水平、缴费标准等）较大难以兼容，将会阻碍参保人在跨制度之间的有效衔接。城乡经济水平不平衡和人口比例失调也会阻碍实现城乡养老保险制度衔接。虽然现行《城乡养老保险制度衔接暂行办法》允许农村养老保险制度跨地区转移，但受户籍制度等诸多因素的制约，实际难以实现。加之养老保险制度城乡分立和城乡统筹均与其所处阶段的经济、政治、社会和文化环境密切相关，其改革需要关注制度环境的变化。

（2）微观因素。影响养老保险制度统一的微观因素有收入、家庭成员结构、缴费水平、参保意愿、年龄、性别、文化程度、婚姻、心理等。国外研究发现家庭收入、子女数量、性别、缴费和领取金额会影响养老保险制度。国内研究发现影响新型农村社会养老保险水平的因素有农民收入、性别、年龄、教育程度、养老观念、家庭子女数，农民的主观参保意愿不仅是决定他们参保与否的关键因素，还存在明显的个体与地区差异，主要受制度认知及未来预期等综合因素的影响。本书将国内学者关于城乡基本养老保险制度统一的影响因素汇总于表 5-1。

表 5-1　养老保险制度统一的影响因素研究汇总表

作者	解释变量	结论
武建新（2009） 刘苓玲（2008） 杨俊（2015）	经济因素 人口因素 制度因素	城乡经济水平不平衡与实现城乡一体养老保险制度相关 人口比例失衡与实现城乡一体养老保险制度相关 社会养老保险制度不健全与实现城乡一体养老保险制度相关 城乡养老保险制度差异较大 人口流动 户籍制度、土地制度、就业制度限制制度衔接
吴海燕（2013） 王智广（2013）	制度因素 历史因素 社会因素	地方财政养老保险负担率与筹资相关 养老金缺乏弹性与制度覆盖率相关 带来的信任危机将会与新农保政策的持续性相关
张朝华和丁士军（2010）	个人因素	缴费困难与制度推广相关
薛惠元（2010）	个人因素	农民主观参保意愿是决定他们参保与否的关键因素
李园园和张刚（2010）	个人因素	农民收入、年龄、教育程度、养老观念、参保意愿与是否决定参保相关
李琼和朱群惠（2012）	个人因素	农民参保能力和参保意识对新农保可持续性有影响
田栋（2011）	个人因素	农民可持续的缴费意愿直接影响新农保的推广和实施 中央和地方的财政补贴能否到位影响制度的可持续运行 参保档次与收入水平、年龄具有连带效应
黄宏伟和展进涛（2012）	家庭因素	家庭经济条件和家庭成员结构对参保行为产生影响
田北海和丁镇（2011）	个人因素	制度认知和未来预期对农民参保意愿的差异影响
胡宏伟等（2009）	个人因素 家庭因素	文化程度对农民参保正相关 家庭财富对农民参保正相关
朱波（2014）	制度因素	制度影响居民储蓄和消费
张娜（2015）	制度因素	城乡居民养老保险制度设计（参保对象、缴费年限、缴费标准）影响居民的参保行为

　　从上述研究观点的汇总表得出，涉及新农保制度的相关研究较多，学者从宏观层面的制度、经济、人口、社会和历史因素分析了对基本养老保险制度发展的影响；从微观层面以参保人自身的收入、年龄、文化程度、养老观念、参保意愿、缴费意愿、参保能力、家庭经济条件和家庭成员结构因素来分析对城乡基本养老保险制度发展的影响。因为城乡基本养老保险制度近几年发展较快，所以缺乏对统一养老保险制度的影响因素及其相关性的研究。

　　本书基于现有文献的研究观点，将从宏观的经济因素、制度因素和社会因素，微观的家庭因素和个人因素五个方面来研究统一养老保险制度影响因素，提出统一养老保险制度影响因素的理论构建框架，并将统一养老保险制度的意愿概念操作化，即统一养老保险制度的意愿（"您是否期望统一养老保险制度？"），作为入选理论模型的因变量，具体如图 5-1 所示。

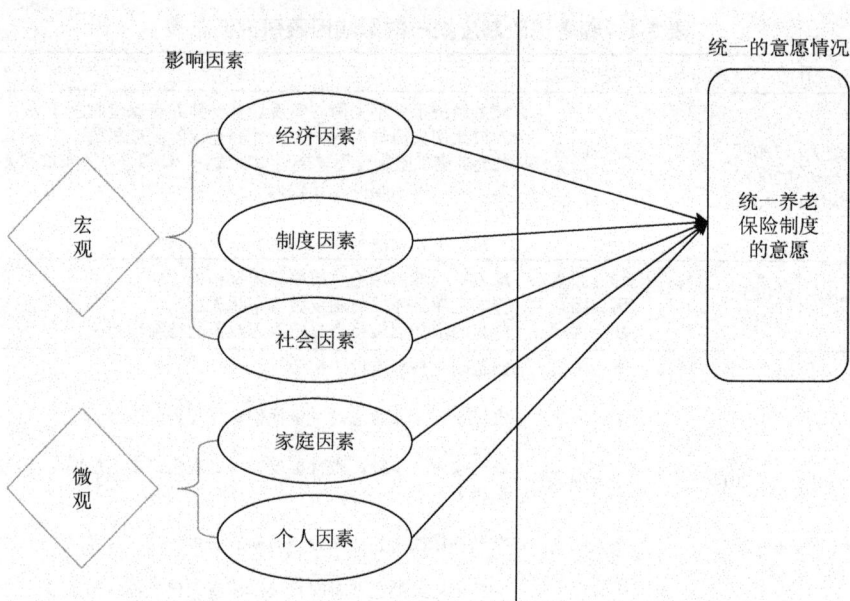

图 5-1　统一养老保险制度影响因素分析的理论模型构建图

二、变量选取

（1）统一养老保险制度意愿的观测变量选取。根据现有文献研究观点，本书认为统一养老保险制度首先从参保意愿来衡量，设置了"您是否自愿参加统一的养老保险制度？"这个问题，选项是"是"和"否"，是一个二元变量。

（2）统一养老保险制度意愿的影响因素观测变量的选取。基于现有文献对养老保险制度影响因素的相关研究观点，本书选取了养老金够不够用、每月领取养老金额度、财政投入力度三个变量作为经济发展水平观测变量；依据《国务院关于开展新型农村社会养老保险试点的指导意见》（简称新农保）（国发〔2009〕32 号）、《国务院关于开展城镇居民社会养老保险试点的指导意见》（国发〔2011〕18 号）、《国务院关于建立统一的城乡居民基本养老保险制度的意见》（国发〔2014〕8 号）三个政策规定的内容，选取了城乡居民社会养老保险缴费档次合理度、15 年缴费年限合理度、补贴政策合理度、残疾人优惠政策合理度、基础养老金月标准合理度和多缴多得、长缴多得合理度 6 个变量作为政策合理性的观测变量；选取了经办人员的态度、经办人员的工作效率、业务经办的程序 3 个变量作为经办机构管理水平的观测变量；选取了社会养老保险、子女供养、个人储蓄养老和商业养老保险 4 个变量作为首选养老方式的观测变量；选取了家庭劳动力、家庭年均收入水平和家庭月均支出水平 3 个变量作为家庭情况的观测变量；选取了性别、年龄、文化程度、婚姻状况、健康状况、户籍 6 个变量作为个人情况的观测变量。这几个影响因素的具体变量选取如表 5-2 所示。

表 5-2　统一养老保险制度意愿的影响因素观测变量

层面	观测变量
经济发展水平 F1	地区 X1
政策合理性 F21	缴费档次合理度 X21
	15 年缴费年限合理度 X22
	补贴政策合理度 X23
	残疾人优惠政策合理度 X24
	基础养老金月标准合理度 X25
	多缴多得、长缴多得合理度 X26
经办机构管理水平 F22	经办人员的态度 X27
	经办人员的工作效率 X28
	业务经办的程序 X29
首选养老方式 F3	社会养老保险 X31
	子女供养 X32
	个人储蓄养老 X33
	商业养老保险 X34
家庭情况 F4	家庭劳动力 X41
	家庭年均收入水平 X42
	家庭月均支出水平 X43
个人情况 F5	性别 X51
	年龄 X52
	文化程度 X53
	婚姻状况 X54
	健康状况 X55
	户籍 X56

三、研究假设

（一）直接效应

1. 经济发展水平与统一养老保险制度

经济发展是养老保险制度建立和发展的前提条件，经济发展水平的高低直接决定养老保险的水平。各国养老保险制度的发展程度取决于经济发展水平的高低。城乡经济水平不平衡会阻碍实现城乡一体化养老保险制度，经济发展水平参差不齐导致养老保险制度实施状况不同，这说明经济发展水平对统一养老保险制度意愿具有显著影响。

假设 5.1：经济发展水平对统一养老保险制度意愿有显著影响（表 5-3）。

表 5-3　经济发展水平与统一养老保险制度意愿情况的关系假设

序号	假设	假设方向
H11	经济发展水平与统一养老保险制度意愿显著相关	+

2. 政策合理性与统一养老保险制度

养老保险政策的合理性会影响该制度的实施效果和可持续性。国内外学者的研究共识是养老保险制度的目标是通过统一性实现其制度的公平性，这是养老保险政策的合理性，制度的公平与效率影响居民参加养老保险的意愿。我国城乡居民基本养老保险制度统一的障碍主要是制度之间的差异。城乡基本养老保险政策的合理性会影响统一养老保险制度意愿。

假设 5.2：政策合理性与统一养老保险制度意愿有显著影响（表 5-4）。

表 5-4　政策合理性与统一养老保险制度意愿情况的关系假设

序号	假设	假设方向
H121	政策合理性与统一养老保险制度意愿正相关	+

3. 经办机构管理水平与统一养老保险制度

伴随城乡基本养老保险制度的全覆盖，参保居民越来越多，基金收入随之会逐步增加，经办机构的管理水平会影响基本养老保险制度的实施效果。新农保基金的有效管理是新农保可持续发展的重要因素，经办机构服务能力影响新农保制度的可持续发展，经办机构的管理水平越高，将会促进城乡基本养老保险制度的健康发展。

假设 5.3：经办机构管理水平与统一养老保险制度意愿有显著影响（表 5-5）。

表 5-5　经办机构管理水平与统一养老保险制度意愿情况的关系假设

序号	假设	假设方向
H122	经办机构管理水平与统一养老保险制度意愿正相关	+

4. 首选养老方式与统一养老保险制度

养老方式是指人们在不同的养老观念下采取不同的养老保障行为。老年人群的养老需求是多元化的，因为城乡基本养老保险制度是实现老年人群"老有所养"的基本保障制度，满足其基本养老生活需求，所以城乡居民在参保后还需要选择其他养老保障方式，以改善其生活水平和满足其多种养老需求。城乡居民不同的首选养老方式对统一养老保险制度的意愿有不同的影响。

假设 5.4：首选养老方式对统一养老保险制度意愿有显著影响（表 5-6）。

表 5-6　首选养老方式与养老保险制度统一意愿情况的关系假设

序号	假设	假设方向
H13	首选养老方式与统一养老保险制度意愿显著相关 首选养老方式为社会养老保险，统一制度意愿最强 首选养老方式为子女供养，统一制度意愿次之 首选养老方式为商业养老保险，统一制度意愿最低 首选养老方式为个人储蓄养老，统一制度与首选养老方式为商业养老保险的无显著差异	

5. 家庭情况与统一养老保险制度

农户的家庭经济条件对参保行为产生影响，家庭经济条件越好，农户参保概率越低，对于已参保的农户而言，经济条件较好的农户倾向于选择高档次缴费，家庭财富对农民的参保意愿具有正向影响。

假设 5.5：家庭情况对统一养老保险制度意愿情况有显著影响（表 5-7）。

表 5-7　家庭情况与统一养老保险制度意愿情况的关系假设

序号	假设	假设方向
H14	家庭情况与统一养老保险制度意愿正相关	+

6. 个人情况与统一养老保险制度

养老保险是政策性的个人养老投资计划，个人情况的好坏会影响他们对养老保险制度的参保行为。农民的性别、年龄、婚姻状况、文化程度、养老观念、收入、家庭子女数、健康状况等影响养老保险制度。

假设 5.6：个人情况对统一养老保险制度意愿有显著影响（表 5-8）。

表 5-8　个人情况与统一养老保险制度意愿情况的关系假设

序号	假设	假设方向
H15	个人情况与统一养老保险制度意愿显著相关	+

（二）城乡户籍与各因素的效应及其差异

1. 经济发展水平

受我国城乡二元经济体制的影响，城乡经济发展水平决定了城乡基本养老保险制度的水平，目前城乡基本养老保险制度在保障对象、保障方式、筹资机制、给付水平、替代率、缴费标准、管理体制方面存在一定差异，两项制度的差异导致养老保险制度在地区之间的水平上存在差异。因此，经济发展水平对统一养老保险制度意愿有影响（表 5-9）。

表 5-9　城乡经济发展水平对统一养老保险制度意愿情况的关系假设

序号	假设	假设方向
H21	城乡之间有显著性差异，农村居民的意愿更强	
H21-U	经济发展水平和统一制度意愿正相关（城镇居民）	+
H21-R	经济发展水平和统一制度意愿正相关（农村居民）	+

2. 政策合理性

因为城乡基本养老保险制度在参保方式、资金来源渠道、缴费、统筹层次、待遇水平等方面存在较大差距，所以在农村老龄化高峰期来临时，要从国家层面整合和优化现行农村社会养老保险制度的设计，进一步提高城乡基本养老保险制度的一体化管理。通过城乡养老保险制度的统一，建立多层次养老保险体系，实现城乡一体化，确定公平合理的转移接续办法和补差标准，提高保障水平。因此，目前城乡基本养老保险制度的合理性对统一养老保险制度意愿有影响（表 5-10）。

表 5-10　城乡政策合理性与统一养老保险制度意愿的假设关系

序号	假设	假设方向
H221	城乡之间无显著性差异	
H221-U	政策合理性和统一制度意愿正相关（城镇居民）	+
H221-R	政策合理性和统一制度意愿正相关（农村居民）	+

3. 经办机构管理水平

当前城乡基本养老保险制度在运行中出现"碎片化"管理，影响基本养老保险制度的可持续性，同时城乡基本养老保险基金的统筹层次较低，导致基本养老保险关系转移接续困难、手续繁杂、管理服务职能分散，严重影响城乡融合和社会发展。因此，城乡养老保险制度经办机构管理水平对统一养老保险制度意愿有影响（表5-11）。

表5-11　城乡制度经办机构管理水平与统一养老保险制度意愿情况的关系假设

序号	假设	假设方向
H222	城乡之间有显著性差异，农村居民的正效应更强	
H222-U	经办机构管理水平和统一制度意愿正相关（城镇居民）	+
H222-R	经办机构管理水平和统一制度意愿正相关（农村居民）	+

4. 首选养老方式

每个参保者具有不同的养老观念，由此会选择不同的养老保障方式。我国社会养老保险制度的发展是先城镇后农村，保障人群是从有收入的职工到无收入的居民，长期以来农村居民靠土地为生，以子女供养为主，随着家庭结构变化呈现少子化和老龄化的趋势，农村居民的养老观念发生了较大变化，对养老保险的需求较为强烈，然而现行新农保的给付待遇水平与居民的养老需求之间存在一定的差距，使得农村居民在一定程度上要依靠传统的子女供养方式。因此，不同首选养老方式对统一养老保险制度意愿有影响（表5-12）。

表5-12　城乡首选养老方式与统一养老保险制度意愿情况的关系假设

序号	假设	假设方向
H23-A	基本养老保险效应的城乡之间有显著差异，农村居民的意愿更强	
H23-B	子女供养效应的城乡之间有显著差异，农村居民的意愿更强	
H23-C	个人储蓄养老效应的城乡之间有显著差异，农村居民的意愿更强	

5. 家庭情况

权利和义务对等是基本养老保险的特点之一，现行城乡基本养老保险制度要求参保居民要履行缴纳养老保险费的义务，鼓励参保居民多缴多得、长缴多得，因此，居民的家庭情况对参保行为产生影响，经济条件较好的农户倾向于选择缴费高档次，说明居民的家庭情况对统一养老保险制度意愿有影响（表5-13）。

表 5-13　城乡家庭情况与统一养老保险制度意愿情况的关系假设

序号	假设	假设方向
H24	家庭情况效应的城乡差异显著，农村居民的意愿更强	
H24-U	家庭情况与统一制度意愿正相关（城镇居民）	+
H24-R	家庭情况与统一制度意愿正相关（农村居民）	+

6. 个人情况

城乡居民个人情况如性别、年龄、文化程度、健康状况也会影响城乡基本养老保险制度统一，从过去城乡分割的城乡基本养老保险制度，到未来统一的养老保险制度，城乡居民对制度的认知和期望会有差异（表 5-14）。

表 5-14　城乡个人情况与统一养老保险制度意愿情况的关系假设

序号	假设	假设方向
H25	个人情况效应及其城乡差异	
H25-A1	性别效应的城乡之间有显著差异，农村女性的正效应更强	
H25-A1-U	女性和统一制度意愿正相关（城镇居民）	+
H25-A1-R	女性和统一制度意愿正相关（农村居民）	+
H25-A2	年龄效应与统一制度意愿之间无差异	
H25-A2-U	年龄和统一制度意愿正相关（城镇居民）	+
H25-A2-R	年龄和统一制度意愿正相关（农村居民）	+
H25-A3	文化程度效应的城乡之间有差异，农村的正效应更强	
H25-A3-U	文化程度和统一制度意愿正相关（城镇居民）	+
H25-A3-R	文化程度和统一制度意愿正相关（农村居民）	+
H25-A4	婚姻状况效应的城乡之间有显著差异，城镇的正效应更强	
H25-A4-U	婚姻状况和统一制度意愿正相关（城镇居民）	+
H25-A4-R	婚姻状况和统一制度意愿正相关（农村居民）	+
H25-A5	健康状况效应的城乡之间无差异	
H25-A5-U	健康状况和统一制度意愿负相关（城镇居民）	-
H25-A5-R	健康状况和统一制度意愿负相关（农村居民）	-

四、变量测量

1. 对统一养老保险制度意愿的测量

本书选取城乡居民对统一养老保险制度作为衡量统一养老保险制度的因变量，选项变量赋值为"1"表示是，"0"表示否。因变量具体的测量方法见表 5-15。

表 5-15　城乡居民对统一养老保险制度意愿因变量的测量及赋值表

因变量的观测变量	变量赋值
统一养老保险制度意愿 Y1	1=是 0=否

2. 影响因素变量的测量

本书中设计的影响因素变量测量赋值情况如表 5-16 所示。

表 5-16　影响因素变量的测量及赋值表

潜变量	观测变量	变量赋值
经济发展水平 F1	养老金够不够用 X11	1=完全不够用 2=不太够用 3=基本够用 4=完全够用
	每月领取养老金额度 X12	数值变量
	财政投入力度 X13	1=大 2=较大 3=较少 4=很少
政策合理性 F21	缴费档次合理度 X21 15 年缴费年限合理度 X22 补贴政策合理度 X23 残疾人优惠政策合理度 X24 基础养老金月标准合理度 X25 多缴多得、长缴多得合理度 X26	打分制 1~5（合理度：低~高）
经办机构管理水平 F22	经办人员的态度 X27 经办人员的工作效率 X28 业务经办的程序 X29	
首选养老方式 F3	社会养老保险 X31 子女供养 X32 个人储蓄养老 X33 商业养老保险 X34	数值变量
家庭情况 F4	家庭劳动力 X41	数值变量
	家庭年均收入水平 X42	1=1 万元以下 2=1 万~1.5 万元 3=1.5 万~2 万元 4=2 万~2.5 万元 5=2.5 万~3 万元 6=3 万元以上

续表

潜变量	观测变量	变量赋值
家庭情况 F4	家庭月均支出水平 X43	1=1000 元以下
		2=1001～2000 元
		3=2001～3000 元
		4=3001～4000 元
		5=4000 元以上
个人情况 F5	性别 X51	0=女
		1=男
	年龄 X52	1=18～28 岁
		2=29～39 岁
		3=40～50 岁
		4=51～59 岁
		5=60 岁及以上
	文化程度 X53	1=小学及以下
		2=初中
		3=高中（中专）
		4=大专及以上
	婚姻状况 X54	1=未婚
		2=已婚
		3=离异
		4=丧偶
	健康状况 X55	1=非常不健康
		2=不太健康
		3=一般
		4=比较健康
		5=非常健康
	户籍 X56	1=城镇户口
		2=农村户口

3. 数据分析方法

（1）频数分析。频数又称频次，是指变量的每个取值所出现的次数。在现有关于城乡基本养老保险制度的文献研究中，学者均采用相对简单的频数方法分析城乡基本养老保险的相关具体特征。本书也以频数分析为工具，分析统一养老保险制度意愿的情况。

（2）因子分析。因子分析指将复杂的实际测量变量依据其代表性归结为少数几个因子的多元统计分析方法，目的是揭示变量之间的内部关联性，减少数据维度，以便发现规律或本质。因子分析的基本原理是依据观测指标之间的相似度将观测指标分组，使同组之内的观测指标相似度较高，不同组的观测指标相似度较低，每组观测指标代表一个因子。

（3）Logistic 回归分析。Logistic 回归模型是概率单位模型，可以直接预测观测量相对于某一事件的发生概率。本书采用 SPSS 软件进行分析，二项 Logistic 回归模型属于广义线性回归模型，适用于响应变量为二分变量的情形。城乡居民是否愿意基本养老保险制度统一是一个二分响应变量，所以采用二项 Logistic 回归模型进行分析。

将影响统一养老保险制度意愿的因素引入广义线性回归模型中，其表达式为

$$\ln\left(\frac{p}{1-p}\right) = \beta_0 + \beta_1 x_1 + \beta_2 x_2 + \cdots + \beta_i x_i + \cdots + \beta_m x_m + \varepsilon \quad (5\text{-}1)$$

其中，p 为 $Y=1$ 的概率，即 p 为愿意统一养老保险制度的概率；β_0 为截距；x_1 到 x_m 分别为影响统一养老保险制度意愿的自变量；β_1 到 β_m 分别为各自变量相应的系数；ε 为随机误差项；$1-p$ 为不愿意统一养老保险制度的概率。

令

$$z = \ln\left(\frac{p}{1-p}\right) = \log it(Y) \quad (5\text{-}2)$$

则有

$$\log it(Y) = \beta_0 + \beta_1 x_1 + \beta_2 x_2 + \cdots + \beta_i x_i + \cdots + \beta_m x_m + \varepsilon \quad (5\text{-}3)$$

令

$$\text{Odds} = \frac{p}{1-p} \quad (5\text{-}4)$$

其中，Odds 称为优势或概率。将式（5-4）代入式（5-3）有

$$\ln(\text{Odds}) = \beta_0 + \beta_1 x_1 + \beta_2 x_2 + \cdots + \beta_i x_i + \cdots + \beta_m x_m + \varepsilon \quad (5\text{-}5)$$

当已知一组观测值 $Y, x_1, x_2, \cdots, x_m$ 时，采用极大似然法就可求得模型系数 $\beta_0, \beta_1, \cdots, \beta_m$ 的估计值。

求得模型系数的估值后，当自变量给定时，可通过式（5-6）求得 p：

$$p = \frac{e^z}{1+e^z} = \frac{e^{\beta_0 + \beta_1 x_1 + \beta_2 x_2 + \cdots + \beta_i x_i + \cdots + \beta_m x_m}}{1+e^{\beta_0 + \beta_1 x_1 + \beta_2 x_2 + \cdots + \beta_i x_i + \cdots + \beta_m x_m}} \quad (5\text{-}6)$$

第二节　信度和效度

一、信度分析前的因子分析

因为多个维度的影响因素观测变量的数量较多，如果直接放入回归模型中会出现严重的多重共线性问题，将会影响模型分析的整体效果，所以在回归分析之

前必须先进行因子分析。因此，本书对政策合理性 F21、经办机构管理水平 F22 及家庭情况 F4 所对应的观测变量进行了因子分析。因子载荷、累积贡献率是因子分析的客观评价指标。因子载荷是原始实测变量与提取因子的相关程度，通常越大越好；累积贡献率是公共因子对实测变量的贡献，通常情况下，如果因子的累计贡献率达到 70%以上则认为其对变量的方差解释有显著贡献。

　　KMO（Kaiser-Meyer-Olkin）和 Bartlett 球形度检验是为了检验整体数据是否适合做因子分析，一般来说 KMO 的值越接近 1 越好，大于 0.5 即可做因子分析，而 Bartlett 球形度检验结果主要看 Sig 的值，越接近 0 越好。根据表 5-17 所示的检验结果，KMO 值为 0.704，说明政策合理性 F21、经办机构管理水平 F22 及家庭情况 F4 所对应的观测变量适合做因子分析。

表 5-17　信度分析前因子分析的 KMO 和 Bartlett 检验

KMO 度量		0.704
Bartlett 球形度检验	近似卡方	7778.998
	df	66
	Sig	0.000

　　从图 5-2 中可以看出，图中显示有 3 个因子的特征值大于 1，但碎石图区分效果不明显，与 3 个因子的假设也有矛盾。在未进行信度分析之前对影响因素中政策合理性 F21 和经办机构管理水平 F22 及家庭情况 F4 所对应的观测变量进行因子分析。从表 5-18 可以看出因子分析过程中提取了 4 个因子，前 4 个因子的特征值之和占总方差的 78.0727%，即前 4 个因子解释原始 12 个变量的 78.0727%的变异。未旋转的累计贡献率为 78.0727%，旋转后的累计贡献率也是 78.0727%，表示前 4 个因子所解释的方差占总方差的 78.0727%，低于 80%，对变量方差的解释不是很显著，提取因子效果不是很理想。

表 5-18　解释的总方差

成分	初始特征值			提取平方和载入			旋转平方和载入		
	合计	方差占比	累积	合计	方差占比	累积	合计	方差占比	累积
1	3.5422	29.5187%	29.5187%	3.5422	29.5187%	29.5187%	3.3873	28.2278%	28.2278%
2	2.5646	21.3715%	50.8902%	2.5646	21.3715%	50.8902%	2.6398	21.9984%	50.2262%
3	2.2555	18.7956%	69.6858%	2.2555	18.7956%	69.6858%	2.3315	19.4293%	69.6554%
4	1.0064	8.3869%	78.0727%	1.0064	8.3869%	78.0727%	1.0101	8.4173%	78.0727%
5	0.9902	8.2521%	86.3248%						
6	0.4794	3.9951%	90.3199%						
7	0.4387	3.6559%	93.9758%						

续表

成分	初始特征值			提取平方和载入			旋转平方和载入		
	合计	方差占比	累积	合计	方差占比	累积	合计	方差占比	累积
8	0.2272	1.8935%	95.8693%						
9	0.1645	1.3706%	97.2399%						
10	0.1296	1.0803%	98.3202%						
11	0.1263	1.0523%	99.3725%						
12	0.0753	0.6275%	100.0000%						

提取方法：主成分分析。

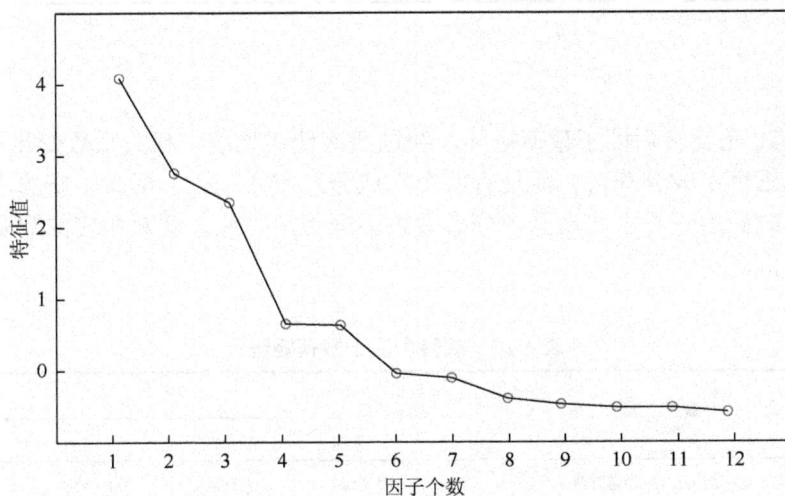

图 5-2　对影响因素 F21、F22、F4 进行因子分析的碎石图

表 5-19 是初始提取的因子载荷矩阵，提取了 4 个因子，第 4 个因子的相关系数聚集效果不理想。

表 5-19　因子载荷矩阵[a]

观测变量	因子			
	1	2	3	4
缴费档次合理度 X21	0.8406	−0.3511	0.1448	0.0295
15 年缴费年限合理度 X22	0.8745	−0.3790	0.1432	−0.0014
补贴政策合理度 X23	0.9511	−0.0308	−0.0909	−0.0179
残疾人优惠政策合理度 X24	−0.0009	0.0412	−0.0510	0.7848
基础养老金月标准合理度 X25	0.0060	−0.0612	−0.0624	−0.6224
多缴多得、长缴多得合理度 X26	0.8332	−0.3482	0.1544	0.0243

续表

观测变量	因子			
	1	2	3	4
经办人员的态度 X27	0.3954	0.7305	−0.3678	−0.0228
经办人员的工作效率 X28	0.3869	0.7253	−0.4008	−0.0169
业务经办的程序 X29	0.3861	0.7191	−0.4083	−0.0104
家庭劳动力 X41	0.0875	0.4338	0.7759	−0.0133
家庭年均收入水平 X42	0.0701	0.4469	0.7424	−0.0107
家庭月均支出水平 X43	0.0660	0.4532	0.7480	−0.0125

提取方法：主成分分析。

a. 已提取了 4 个因子。

表 5-20 是旋转后因子载荷矩阵，经过四次迭代收敛，相关系数变化不明显，没有形成三个主成分阵营，而是有四个主成分，X24、X25 形成了新的成分。从碎石图和载荷矩阵看出此次因子分析效果不理想，因此，要对相应的观测变量进行信度分析。

表 5-20　旋转后因子载荷矩阵 [a]

观测变量	因子			
	1	2	3	4
缴费档次合理度 X21	0.9224	−0.0248	0.0135	0.0100
15 年缴费年限合理度 X22	0.9630	−0.0322	0.0019	−0.0223
补贴政策合理度 X23	0.8747	0.3842	−0.0298	−0.0244
残疾人优惠政策合理度 X24	−0.0064	0.0308	−0.0478	0.7855
基础养老金月标准合理度 X25	0.0069	0.0030	−0.0653	−0.6250
多缴多得、长缴多得合理度 X26	0.9156	−0.0296	0.0229	0.0051
经办人员的态度 X27	0.0473	0.9057	0.0566	0.0072
经办人员的工作效率 X28	0.0371	0.9135	0.0246	0.0127
业务经办的程序 X29	0.0377	0.9116	0.0147	0.0189
家庭劳动力 X41	0.0232	0.0162	0.8928	0.0129
家庭年均收入水平 X42	−0.0019	0.0355	0.8686	0.0159
家庭月均支出水平 X43	−0.0073	0.0364	0.8762	0.0145

提取方法：主成分分析。

旋转法：具有 Kaiser 标准化的正交旋转法。

a. 旋转在四次迭代后收敛。

二、相应的观测变量信度分析

信度（reliability）分析，又称为可靠性分析，是用来检验如果重复测量同一问题其测量结果的一致性，是度量观测变量是否具有一定的可靠度、一致性与稳定性的有效方法。克龙巴赫系数（Cronbach's α）是测量信度最常用的方法，关于信度系数，大多数学者认为，克龙巴赫系数大于 0.9，则认为该测验或量表的内在信度很高；信度系数 0.8～0.9 是可以接受的；信度系数 0.7～0.8 表示量表设计有一定问题，但仍有一定参考价值；信度系数小于 0.7 说明量表存在很大问题需要重新设计。

1. 影响因素 F21 的信度分析

首先对影响因素 F21 中的 X21～X26 这六个项目进行信度分析。从表 5-21 看出这六项总的信度系数是 0.747，处在 0.7～0.8，表示这六个项目存在一些问题，但仍有一定参考价值。

表 5-21　影响因素 F21 可靠性统计量

克龙巴赫系数	项数
0.747	6

表 5-22 是剔除某个评估项目后的情况，右边第一列是剔除某个评估项目后的克龙巴赫系数，可看出剔除 X24 后的信度系数 0.8391 高于总项目的信度系数 0.747，剔除 X25 后的信度系数 0.8151 也高于总项目的信度系数 0.747，说明剔除 X24 和 X25 后 F21 的信度系数更高，X24 和 X25 与影响因素 F21 中的其他几项不相关。X24 是残疾人优惠政策合理度，X25 是基础养老金月标准合理度，这两项问题的设置是符合表面效度和内容效度的，可能是因为问题设置的用语太过专业，问卷填答者不太了解具体内容，所以回答得比较分散，出现与其他几项回答不一致的情况。

表 5-22　影响因素 F21 总计统计量

观测变量	项已删除的刻度均值	项已删除的刻度方差	校正的项总计相关性	项已删除的克龙巴赫系数
缴费档次合理度 X21	17.6035	18.2592	0.7693	0.6231
15 年缴费年限合理度 X22	17.5425	17.8864	0.8169	0.6081
补贴政策合理度 X23	17.4880	18.8063	0.7416	0.6344

续表

观测变量	项已删除的刻度均值	项已删除的刻度方差	校正的项总计相关性	项已删除的克龙巴赫系数
残疾人优惠政策合理度 X24	17.6993	27.5278	−0.0125	0.8391
基础养老金月标准合理度 X25	17.0871	27.8703	0.0093	0.8151
多缴多得、长缴多得合理度 X26	17.2854	18.3656	0.7711	0.6236

表 5-23 将 X24、X25 剔除，对其余四个项目进行信度分析，可看出这四项的信度系数是 0.941，高于 0.9，表示量表的内在信度很高。

表 5-23　剔除 X24、X25 后的可靠性统计量

克龙巴赫系数	项数
0.941	4

表 5-24 是剔除某个评估项目后的情况，右边第一列是剔除某个评估项目后的信度系数值，可看出这四项信度系数值均比总项目信度系数 0.941 低，表示这四项都是不可删除的，内部一致性高。

表 5-24　剔除 X24、X25 后的总计统计量

观测变量	项已删除的刻度均值	项已删除的刻度方差	校正的项总计相关性	项已删除的克龙巴赫系数
缴费档次合理度 X21	10.5076	14.8500	0.8507	0.9260
15 年缴费年限合理度 X22	10.4466	14.3630	0.9201	0.9037
补贴政策合理度 X23	10.3922	15.2964	0.8294	0.9325
多缴多得、长缴多得合理度 X26	10.1895	15.0611	0.8394	0.9295

2. 影响因素 F22 的信度分析

对影响因素 F22 中的 X27～X29 这三个项目进行信度分析。从表 5-25 看出这三项总的信度系数是 0.900，表示量表的内在信度很高。

表 5-25　影响因素 F22 可靠性统计量

克龙巴赫系数	项数
0.900	3

表 5-26 是剔除某个评估项目后的情况，右边第一列是剔除某个评估项目后的信度系数值，可看出这三项信度系数值均比总项目信度系数 0.900 低，表示这三项都是不可删除的，内部一致性高。

表 5-26　影响因素 F22 总计统计量

观测变量	项已删除的刻度均值	项已删除的刻度方差	校正的项总计相关性	项已删除的克龙巴赫系数
经办人员的态度 X27	7.0850	5.8488	0.7984	0.8600
经办人员的工作效率 X28	7.1035	5.8879	0.8049	0.8546
业务经办的程序 X29	7.3039	5.7167	0.8024	0.8568

3. 影响因素 F4 的信度分析

对影响因素 F4 中的 X41～X43 这三个项目进行信度分析。从表 5-27 得知这三项总的信度系数为 0.851，处于 0.8～0.9，信度效果比较高，是可以接受的。

表 5-27　影响因素 F4 可靠性统计量

克龙巴赫系数	项数
0.851	3

表 5-28 是剔除某个评估项目后的情况，右边第一列是剔除某个评估项目后的信度系数 α 值，可看出这三项的信度系数均比总项目信度系数 0.851 低，说明这三项都是不可删除的，内部一致性较高。

表 5-28　影响因素 F4 总计统计量

观测变量	项已删除的刻度均值	项已删除的刻度方差	校正的项总计相关性	项已删除的克龙巴赫系数
家庭劳动力 X41	3.4314	3.0416	0.7456	0.7794
家庭年均收入水平 X42	3.8802	3.8308	0.7111	0.8042
家庭月均支出水平 X43	3.7233	3.7685	0.7266	0.7902

三、信度分析后的因子分析

对影响因素 F21、F22、F4 所对应的观测变量进行信度分后，剔除 X24、X25，对剩余的十项进行因子分析。从表 5-29 看出因子分析过程中提取了三个因子，前三个因子的特征值之和占总方差的 83.5532%，即前三个因子解释十个变量的 83.5532%的变异。信度分析前的因子载荷累积平方和是 78.0727%，即未旋转的累计贡献率为 78.0727%，而信度分析后的累计方差贡献率也是 83.5532%，表示前三个因子所解释的方差占总方差的 83.5532%，提取的三个因子的累计贡献率大于 80%，说明其对十个变量的方差解释有显著贡献。

表 5-29 解释的总方差

成分	初始特征值			提取平方和载入			旋转平方和载入		
	合计	方差占比	累积	合计	方差占比	累积	合计	方差占比	累积
1	3.5422	35.4221%	35.4221%	3.5422	35.4221%	35.4221%	3.3870	33.8695%	33.8695%
2	2.5613	25.6128%	61.0350%	2.5613	25.6128%	61.0350%	2.6399	26.3990%	60.2685%
3	2.2518	22.5182%	83.5532%	2.2518	22.5182%	83.5532%	2.3285	23.2847%	83.5532%
4	0.4794	4.7942%	88.3474%						
5	0.4398	4.3981%	92.7455%						
6	0.2276	2.2763%	95.0218%						
7	0.1663	1.6630%	96.6849%						
8	0.1297	1.2966%	97.9814%						
9	0.1266	1.2655%	99.2470%						
10	0.0753	0.7530%	100.0000%						

提取方法：主成分分析。

图 5-3 是对影响因素 F21、F22、F4 进行信度分析后的因子分析碎石图，在该

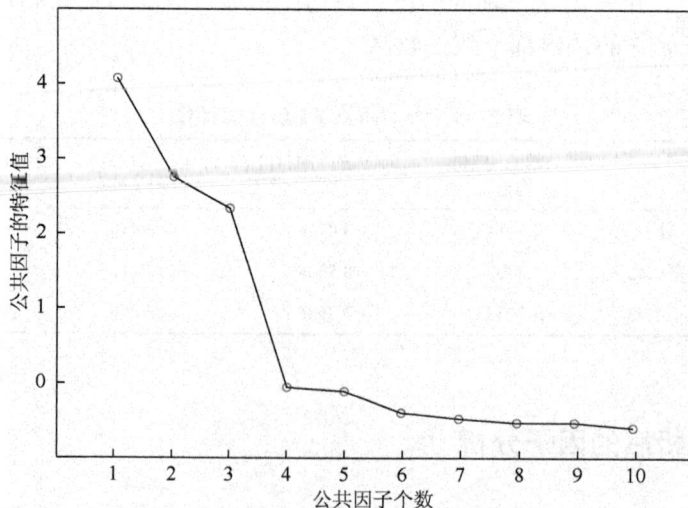

图 5-3 对影响因素 F21、F22、F4 进行信度分析后的因子分析碎石图

图中，横坐标为公共因子数，纵坐标为公共因子的特征值。分析碎石图可以看出，因子1与因子2，以及因子3与因子4之间的特征值之差值比较大，而因子4~10的特征值差值都比较小。可以初步得出保留三个因子将能概括绝大部分信息，明显的拐点为4，因此提取3个因子比较合适。证实了表5-29中的结果。

表5-30是初始提取的因子载荷矩阵，相关系数已经在因子1、因子2和因子3上形成了比较明显的阵营，为了使相关系数往两端分化得更明显，需要对此进行旋转。

表5-30　因子载荷矩阵[a]

观测变量	因子		
	1	2	3
缴费档次合理度 X21	0.8405	−0.3524	0.1437
15年缴费年限合理度 X22	0.8745	−0.3797	0.1414
补贴政策合理度 X23	0.9511	−0.0305	−0.0920
多缴多得、长缴多得合理度 X26	0.8331	−0.3491	0.1542
经办人员的态度 X27	0.3956	0.7319	−0.3657
经办人员的工作效率 X28	0.3870	0.7267	−0.3983
业务经办的程序 X29	0.3862	0.7204	−0.4061
家庭劳动力 X41	0.0878	0.4313	0.7770
家庭年均收入水平 X42	0.0704	0.4448	0.7448
家庭月均支出水平 X43	0.0662	0.4512	0.7505

提取方法：主成分分析。

a. 已提取了三个因子。

表5-31是对因子实行Kaiser标准化正交旋转后得到的载荷矩阵，从各因子上的高载荷可见，在因子1上，缴费档次合理度X21，15年缴费年限合理度X22，补贴政策合理度X23，多缴多得、长缴多得合理度X26有高载荷，因此，可将因子1命名为城乡居民社会养老保险政策合理性因子（F21）。在因子2上，经办人员的态度X27、经办人员的工作效率X28、业务经办的程序X29有高载荷，因此，可将因子2命名为经办机构管理水平因子（F22）。在因子3上，家庭劳动力X41、家庭年均收入水平X42、家庭月均支出水平X43有高载荷，可将因子3命名为家庭情况因子（F4）。

表5-32是因子得分系数矩阵，该矩阵中的观测变量均为标准化之后的。该矩阵可计算出因子得分。

表 5-31　旋转成分矩阵

观测变量	因子		
	1	2	3
缴费档次合理度 X21	0.9222	−0.0240	0.0140
15 年缴费年限合理度 X22	0.9632	−0.0315	0.0011
补贴政策合理度 X23	0.8746	0.3848	−0.0310
多缴多得、长缴多得合理度 X26	0.9156	−0.0291	0.0242
经办人员的态度 X27	0.0466	0.9058	0.0564
经办人员的工作效率 X28	0.0363	0.9136	0.0249
业务经办的程序 X29	0.0369	0.9118	0.0150
家庭劳动力 X41	0.0232	0.0163	0.8926
家庭年均收入水平 X42	−0.0020	0.0354	0.8696
家庭月均支出水平 X43	−0.0074	0.0361	0.8774

提取方法：主成分分析。
旋转法：具有 Kaiser 标准化的正交旋转法。

表 5-32　因子得分系数矩阵

观测变量	成分		
	F21	F22	F4
缴费档次合理度 X21	0.2373	−0.1376	0.0638
15 年缴费年限合理度 X22	0.2469	−0.1482	0.0628
补贴政策合理度 X23	0.2685	−0.0119	−0.0408
多缴多得、长缴多得合理度 X26	0.2352	−0.1363	0.0685
经办人员的态度 X27	0.1117	0.2857	−0.1624
经办人员的工作效率 X28	0.1093	0.2837	−0.1769
业务经办的程序 X29	0.1090	0.2813	−0.1803
家庭劳动力 X41	0.0248	0.1684	0.3451
家庭年均收入水平 X42	0.0199	0.1737	0.3307
家庭月均支出水平 X43	0.0187	0.1761	0.3333

提取方法：主成分分析。

这样的因子与这十个变量之间的关系可以用以下等式表示：

$$F21=0.2373X21+0.2469X22+0.2685X23+0.2352X26+0.1117X27+0.1093X28+0.1090X29+0.0248X41+0.0199X42+0.0187X43$$

F22=−0.1376X21−0.1482X22−0.0119X23−0.1363X26+0.2857X27+0.2837X28
　　+0.2813X29+0.1684X41+0.1737X42+0.1761X43

F4=0.0638X21+0.0628X22−0.0408X23+0.0685X26−0.1624X27−0.1769X28
　　−0.1803X29+0.3451X41+0.3307X42+0.3333X43

将统一养老保险制度意愿 Y1 放入因变量框、诸项影响因素放入自变量框，运用 SPSS19.0 软件采用二项 Logistic 回归方法，所得结果如下。

表 5-33 为因变量的编码情况，原始值"不愿意"被赋予初始值"0"，原始值"愿意"被赋予初始值"1"。

表 5-33　因变量编码

初始值	内部值
不愿意	0
愿意	1

表 5-34 是自变量中的分类变量在模型中根据指示变量编码方案所生成的新变量表。

表 5-34　分类变量编码

观测变量	赋值	频率	参数编码			
			（1）	（2）	（3）	（4）
健康状况 X55	很不健康	36	0	0	0	0
	不太健康	129	1	0	0	0
	一般	156	0	1	0	0
	比较健康	386	0	0	1	0
	非常健康	211	0	0	0	1
年龄 X52	18～29 岁	101	0	0	0	0
	30～39 岁	156	1	0	0	0
	40～49 岁	239	0	1	0	0
	50～59 岁	156	0	0	1	0
	60 岁及以上	266	0	0	0	1
首选养老方式 F3	社会养老保险	501	1	0	0	
	子女供养	240	0	1	0	
	个人储蓄养老	130	0	0	1	
	商业养老保险	47	0	0	0	

观测变量	赋值	频率	参数编码			
			(1)	(2)	(3)	(4)
文化程度 X53	初中及以下	459	0	0		
	高中及中专	322	1	0		
	大专及以上	137	0	1		
婚姻状况 X54	已婚	533	0	0		
	未婚	266	1	0		
	离异或丧偶	119	0	1		
地区 X1	铜川	345	0	0		
	宝鸡	350	1	0		
	西安	223	0	1		

表 5-35 显示了在步骤 0 的拟合情况，可见对于 $Y=1$，预测的正确率为 100%，而对于 $Y=0$，预测的正确率为 0%，总的预测正确率为 74.07%，即如果简单地推测所有人都愿参加统一的养老保险制度，则将有 74.07% 的正确率。

表 5-35　分类表 [a, b]

已观测		已预测		
		统一制度意愿 Y2		百分比校正
		不愿意	愿意	
步骤 0　统一制度意愿 Y2	不愿意	0	238	0%
	愿意	1	680	100%
总计百分比				74.07%

a. 模型中包括常量。
b. 切割值为 0.500。

表 5-36 是三种常用的卡方统计量，显示当输入所有自变量时整个模型显著。因为拟合方法选择的是默认的 Enter，只有一步完成常数项与自变量的模型的拟合，所以模型、拟合过程块和步骤的卡方值全部相同。

表 5-36　模型系数的综合检验

		卡方	df	Sig
步骤 1	步骤	426.540	22	0.000
	块	426.540	22	0.000
	模型	426.540	22	0.000

　　模型的拟合优度检验（即模型的显著性检验），常用的方法有 Hosmer-Lemeshow 检验和似然比检验，本书应用的方法是似然比检验。似然比是利用已有参数得出的观察结果的可能性的方法，因为似然比在 0～1 取值，所以对数似然比（LL）值的取值范围在[0, ∞]。因此，习惯上用对数似然比的值乘以−2 来度量模型对数据的拟合度，记作−2LL。它近似服从自由度为 k 的卡方分布（k 为自变量数）。−2 对数似然值（−2LL）反映了在模型中包括所有自变量后的误差，用于处理因变量无法解释的变量部分的显著性问题。其值越小，表明模型的拟合度越好。因为 Cox & Snell R 方值不可能为 1，所以 Nagelkerke 于 1991 年修正了 Cox & Snell R 方统计量，从而得到一个新的统计量 Nagelkerke R 方。Nagelkerke R 方可在 0～1 取值，该统计量反映的是由回归方程解释的因变量变异的百分比。

　　表 5-37 是主效应模型参数显著性检验。表中的城乡户籍类型 X56 不显著，这与实际观测和研究假设不符，说明模型对数据的拟合效果不是很理想。

表 5-37　主效应模型参数显著性检验

		系数值	标准误差	卡方值	自由度	显著性水平	OR 值
	X1			15.442	2	0.000	
	X1（1）	0.632	0.386	2.684	1	0.101	1.881
	X1（2）	2.729	0.702	15.095	1	0.000	15.321
	F21	0.523	0.103	25.988	1	0.000	1.688
	F22	0.551	0.104	28.344	1	0.000	1.735
	X31			85.933	3	0.000	
	X31（1）	2.852	0.428	44.351	1	0.000	17.330
	X31（2）	1.875	0.440	18.123	1	0.000	6.520
	X31（3）	0.369	0.454	0.660	1	0.417	1.446
步骤 1[a]	F4	0.390	0.109	12.723	1	0.000	1.478
	X51	−1.101	0.213	26.744	1	0.000	0.333
	X52			21.586	4	0.000	
	X52（1）	0.954	0.336	8.087	1	0.004	2.597
	X52（2）	1.829	0.400	20.919	1	0.000	6.227
	X52（3）	2.094	0.543	14.889	1	0.000	8.114
	X52（4）	1.920	0.680	7.969	1	0.005	6.822
	X53			13.312	2	0.001	
	X53（1）	0.441	0.223	3.909	1	0.048	1.554
	X53（2）	1.184	0.340	12.147	1	0.000	3.268
	X54			63.494	2	0.000	

续表

		系数值	标准误差	卡方值	自由度	显著性水平	OR 值
	X54（1）	1.670	0.258	41.955	1	0.000	5.314
	X54（2）	2.376	0.397	35.798	1	0.000	10.757
	X55			36.919	4	0.000	
	X55（1）	−0.182	0.728	0.062	1	0.803	0.834
步骤 1[a]	X55（2）	−0.271	0.729	0.138	1	0.711	0.763
	X55（3）	−1.221	0.688	3.145	1	0.076	0.295
	X55（4）	−1.917	0.702	7.460	1	0.006	0.147
	X56	0.182	0.205	0.794	1	0.373	1.200
	常量	−2.387	0.860	7.710	1	0.005	0.092

a. 在步骤 1 中输入的变量：X1，F21，F22，X31，F4，X51，X52，X53，X54，X55，X56。

本书将其他因素与 X56 交互，使用含交互项的嵌套模型进行分析。表 5-38 是三种常用的卡方统计量，因为使用了嵌套模型，所以显示加入交互项之后，模型获得显著改善。

表 5-38　模型系数的综合检验

		卡方	自由度	显著性水平
	步骤	118.485	21	0.000
步骤 1	块	118.485	21	0.000
	模型	545.025	43	0.000

表 5-39 是模型拟合优度检验。表中的–2LL 值为 505.682，说明模型对数据的拟合效果比之前较好。Cox & Snell R 方值为 0.448，Nagelkerke R 方值为 0.657，说明能由方程解释的回归变异占 65.7%，拟合效果较好。

表 5-39　模型汇总

步骤	–2LL	Cox & Snell R 方	Nagelkerke R 方
1	505.682[a]	0.448	0.657

a. 因为参数估计的更改范围小于 0.001，所以估计在迭代次数 8 处终止。

表 5-40 是以 0.5 作为是否自愿参加统一养老保险制度的分界线得出的预测值与实际数据的比较表。从表中可看出有 174 名非自愿参加统一养老保险制度的观测对象被正确预测，正确率为 73.11%，同时有 44 名自愿参加统一养老保险制度

的观测对象被错误地预测为非自愿参加统一养老保险制度，正确率为 93.53%。总的正确判断率为 88.24%，预测效果较理想。

表 5-40　分类表 [a]

已观测		已预测		
		统一制度意愿 Y2		百分比校正
		不愿意	愿意	
步骤 1　统一制度意愿 Y2	不愿意	174	64	73.11%
	愿意	44	636	93.53%
总计百分比				88.24%

a. 切割值为 0.500。

表 5-41 显示了最终在模型中的变量及其对应回归系数和检验结果。从卡方值统计量的检验结果来看，城乡户籍下与政策合理性 F21 （$P=0.324$）、年龄 X52、（$P=0.534$）和健康状况 X55（$P=0.313$）的交互项没有通过显著性检验，其余的交互项均通过了显著性检验。

表 5-41　模型 2 的参数显著性检验

		系数值	标准误差	卡方值	自由度	显著性水平	OR 值
步骤 1	X1			20.902	2	0.000	
	X1（1）	1.599	0.722	4.908	1	0.027	4.948
	X1（2）	8.006	1.754	20.842	1	0.000	2998.350
	F21	0.875	0.214	16.716	1	0.000	2.400
	F22	1.430	0.250	32.823	1	0.000	4.180
	X31			48.715	3	0.000	
	X31（1）	4.914	0.931	27.846	1	0.000	136.179
	X31（2）	3.784	0.943	16.099	1	0.000	43.976
	X31（3）	0.273	0.911	0.090	1	0.765	1.314
	F4	1.446	0.260	30.990	1	0.000	4.248
	X51	−2.963	0.511	33.593	1	0.000	0.052
	X52			16.241	4	0.003	
	X52（1）	2.091	0.703	8.838	1	0.003	8.092
	X52（2）	2.858	0.771	13.732	1	0.000	17.424
	X52（3）	3.747	1.043	12.897	1	0.000	42.397
	X52（4）	2.580	1.275	4.091	1	0.043	13.196

	系数值	标准误差	卡方值	自由度	显著性水平	OR 值
NeoX53			27.960	2	0.000	
NeoX53（1）	1.635	0.475	11.825	1	0.001	5.128
NeoX53（2）	3.925	0.794	24.439	1	0.000	50.633
NeoX54			9.762	2	0.008	
NeoX54（1）	1.234	0.633	3.804	1	0.051	3.434
NeoX54（2）	1.358	0.482	7.935	1	0.005	3.890
X55			14.357	4	0.006	
X55（1）	0.431	1.178	0.134	1	0.714	1.539
X55（2）	−0.312	1.141	0.075	1	0.785	0.732
X55（3）	−0.571	1.073	0.283	1	0.595	0.565
X55（4）	−1.995	1.116	3.193	1	0.074	0.136
X56	3.763	2.040	3.402	1	0.065	43.069
X1·X56			11.305	2	0.004	
X1（1）by X56	−1.128	0.907	1.547	1	0.214	0.324
X1（2）by X56	−6.588	1.996	10.896	1	0.001	0.001
F21 by X56	−0.258	0.262	0.971	1	0.324	0.773
F22 by X56	−1.164	0.290	16.155	1	0.000	0.312
X31·X56			9.927	3	0.019	
X31（1）by X56	−2.352	1.112	4.470	1	0.034	0.095
X31（2）by X56	−2.379	1.122	4.498	1	0.034	0.093
X31（3）by X56	−0.072	1.118	0.004	1	0.949	0.931
F4 by X56	−1.488	0.297	25.046	1	0.000	0.226
X51 by X56	2.671	0.591	20.461	1	0.000	14.457
X52·X56			3.144	4	0.534	
X52（1）by X56	−1.125	0.852	1.745	1	0.186	0.325
X52（2）by X56	−0.994	0.962	1.068	1	0.301	0.370
X52（3）by X56	−1.528	1.307	1.367	1	0.242	0.217
X52（4）by X56	−0.095	1.607	0.003	1	0.953	0.910
NeoX53·X56			23.819	2	0.000	
NeoX53（1）by X56	−1.786	0.570	9.811	1	0.002	0.168
NeoX53（2）by X56	−4.169	0.913	20.865	1	0.000	0.015
NeoX54·X56			8.523	2	0.014	
NeoX54（1）by X56	1.015	0.623	2.660	1	0.103	2.761

步骤1

续表

		系数值	标准误差	卡方值	自由度	显著性水平	OR值
	NeoX54（2）by X56	2.706	0.994	7.412	1	0.006	14.973
	X55·X56			4.756	4	0.313	
	X55（1）by X56	−0.873	1.677	0.271	1	0.602	0.418
步骤1	X55（2）by X56	0.086	1.680	0.003	1	0.959	1.090
	X55（3）by X56	−1.465	1.568	0.872	1	0.350	0.231
	X55（4）by X56	−0.637	1.611	0.156	1	0.693	0.529
	常量	−5.192	1.518	11.700	1	0.001	0.006

图 5-4 对三个模型的性能指标进行了比较，模型 0 只含截距项，模型 1 包含了主效应，模型 2 在模型 1 的基础上又包含了交互项，三个模型构成了嵌套关系。可以看出由模型 0 到模型 2，其伪决定系数和分类预测精度都依次提升，模型 2 最具解释力。

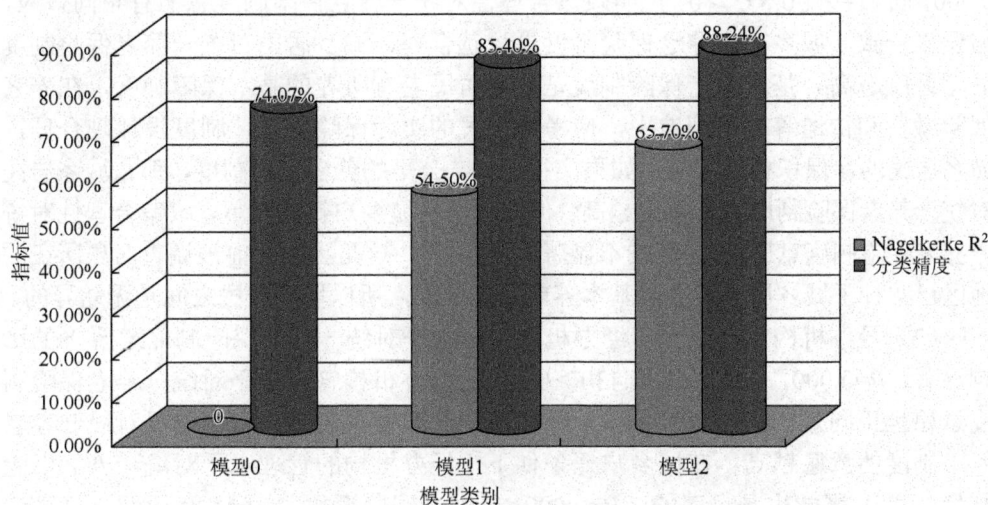

图 5-4　三个模型的性能比较

第三节　数据分析结果

一、经济因素

城乡经济发展水平对统一养老保险制度意愿 Y 有显著影响，$P=0.000$，说明经济发展水平与统一养老保险制度意愿具有正向关系，与假设一致。在城乡户籍条件下，城乡之间有显著性差异，农村居民的统一意愿强于城镇居民。这是因为经济发展水平是决定养老保险制度发展的物质前提。经济发展水平越高，城乡居民参保的积极性越高，城乡居民缴费的能力也就越高，城乡经济发展水平高，有利于促进城乡基本养老保险制度统一。然而我国长期以来实行城乡二元经济体制，导致城乡之间经济发展状况差异较大，城乡分离的养老保险制度带来了城乡居民收入差距较大，政府在农村养老保险制度安排中严重缺位，致使广大农村居民在2009年以前主要靠土地保障家庭养老，近年来伴随农村经济发展水平的提高，农村居民迫切希望与城镇居民平等地享有养老保险待遇，所以农村居民对统一养老保险制度的意愿强于城镇居民。

二、制度因素

政策合理性 F21 和经办机构管理水平 F22 通过了显著性检验。

（1）政策合理性。政策合理性对统一养老保险制度意愿 Y 的影响显著，$P=0.000$，回归系数 $0.875>0$，说明政策合理性对统一养老保险制度意愿有正向效应，与假设一致。城乡基本养老保险制度设计越合理，城乡居民对统一养老保险制度的意愿度越高。基本养老保险制度是解决居民老有所养的基本保障制度，在养老保险缴费和待遇等政策规定中，应考虑居民的实际保障需求，制度设计越合理，城乡居民的参保积极性越高，如果实行统一、公平的养老保险制度，那么城乡居民对统一养老保险制度的意愿度越高。但在现有的城乡户籍条件下，政策合理性对统一养老保险制度意愿 Y 的影响不显著，$P=0.324$，这是因为目前被调查对象所在的地区已实行了城乡居民统一的基本养老保险制度，所以城乡居民之间是无差异的。

（2）经办机构管理水平。经办机构管理水平对统一养老保险制度意愿 Y 的影响显著，$P=0.000$，回归系数 $1.430>0$，说明经办机构管理水平对统一养老保险制度意愿呈正向效应，与假设一致。经办机构管理水平越高，城乡居民对统一养老保险制度的意愿越高；在城乡户籍条件下，经办机构的管理水平对统一养老保险制度意愿 Y 影响也是显著的，$P=0.000<0.05$，回归系数 $-1.164<0$ 说明城乡之间有显著性差异，农村居民对统一养老保险制度的意愿更强烈。经办机构作为养老保险政策有效实施的基层组织，是直接与居民的参保缴费等发生联系的业务窗口，也是养老保险制度管理中的重要环节之一。因此，经办机构的管理水平与统一养老保险制度的意愿正相关。但目前因为我国农村基层养老保险经办机构受各种因素的影响，所以存在着经办机构服务能力较低和管理服务水平相对落后的问题，这与调查数据中的结果相吻合，即有 7.5% 的人认为登记环节有待进一步优化，17.8% 的居民认为缴费环节需要不断提高，所以，经办机构的管理水平在城乡之间有显著性差异。

三、养老方式

养老方式是指人们在不同的养老观念下采取不同的养老保障行为。城乡基本养老保险制度是实现老年人老有所养的基本保障制度，其待遇水平是较低的，因此，城乡居民在参保后还需要选择其他养老保障方式改善生活水平和满足其多种养老需求。在数据分析中发现，城乡居民的首选养老方式为社会养老保险的，其对统一养老保险制度的意愿最强；城乡居民的首选养老方式为子女供养的，其对统一养老保险制度的意愿为次之；城乡居民的首选养老方式为商业养老保险的，其对统一养老保险制度的意愿最低；城乡居民的首选养老方式为个人储蓄养老的，其对统一养老保险制度的意愿与首选养老方式为商业养老保险的意愿无显著差异。

在城乡户籍条件下，城乡居民的首选养老方式为社会养老保险的，城乡之间有显著差异，而农村居民的意愿更强；城乡居民的首选养老方式为子女供养的，城乡之间有显著差异，农村居民的意愿更强；城乡居民的首选养老方式为个人储蓄养老的，城乡之间有显著差异，农村居民的意愿更强。这是因为伴随人口老龄化、少子化和空巢化的发展趋势，农村家庭的养老观念也发生了较大变化，加之新农保政策的宣传力度较大，农村居民的基本养老保险意识逐步增强，他们对统一养老保险制度的意愿会更强烈。

四、家庭情况

城乡居民的家庭情况对统一养老保险制度的意愿 Y 的影响显著，$P=0.000$，回归系数 1.446＞0，说明家庭情况对统一养老保险制度意愿呈正效应，与假设一致。在不同户籍条件下，家庭经济水平效应的城乡差异显著，$P=0.000$，回归系数−1.488＜0，说明家庭经济水平效应对农村居民更强。基本养老保险制度统一的意愿取决于家庭经济状况的好坏，城乡居民的家庭收入高低决定了其家庭经济状况的好坏。但是从城乡居民自身来看，大多数居民年龄偏大，文化程度较低，就业能力较低，没有稳定的工作和收入，导致其家庭收经济水平偏低。调查结果显示，被调查者的月收入在 1000～2000 元的占 72%，3000 元以上的占 13%，而月支出在 2000 元以下的所占比例高达 78%，尤其农村居民的家庭经济收入水平还要低于城镇居民。所以，城乡居民家庭经济水平之间存在着显著的差异效应。因为城乡居民的家庭经济水平低，所以他们的缴费水平低，与前面调查数据是吻合的，即城乡居民的缴费档次在 100 元的占 60.5%，其中城镇居民选择缴费档次在 100 元的占 51.6%，农村居民选择缴费档次在 100 元的占 85.6%。

五、个人情况

性别 X51、年龄 X52、文化程度 X53、婚姻状况 X54、健康状况 X55 通过了显著性检验，而户籍 X56 没有通过显著性检验。

（1）性别对统一养老保险制度意愿 Y 的影响显著，$P=0.000$，回归系数$-2.963<0$，说明女性较男性对统一养老保险制度的意愿高，与假设一致。在城乡户籍条件下，性别效应的城乡之间有显著差异，$P=0.000$，农村女性对统一养老保险制度的意愿更强，与假设一致。因为女性比男性的寿命长，女性的寿命越长，其老年生活的压力越大，伴随城镇化的发展，尤其是农村女性，无论在城镇还是在农村养老，非常希望能够享受统一和平等的基本养老保险待遇。

（2）年龄对统一养老保险制度的意愿 Y 的影响显著，$P=0.003$。年龄 29～39 岁 $X52_{(1)}$ 的回归系数是 2.091，$P=0.003$，表示年龄 29～39 岁 $X52_{(1)}$ 的衔接意愿相对于年龄 18～28 岁 $X52_{(0)}$ 的统一养老保险制度的意愿显著。年龄 40～50 岁 $X52_{(2)}$ 的回归系数是 2.858，$P=0.000$，表示年龄 40～50 岁 $X52_{(2)}$ 的统一养老保险制度意愿相对于 $X52$ 18～28 岁 $_{(0)}$ 的意愿显著。年龄 51～59 岁 $X52_{(3)}$ 的回归系数是 3.747，$P=0.000$，表示年龄 51～59 岁 $X52_{(3)}$ 的统一养老保险制度意愿相对于 $X52_{(0)}$ 的意愿显著。年龄 60 岁及以上 $X52_{(4)}$ 的回归系数是 2.580，$P=0.043$，表示年龄 60 岁及以上 $X52_{(4)}$ 的统一养老保险制度意愿相对于 18～28 岁 $X52_{(0)}$ 显著。说明年龄和统一制度意愿正相关，与假设一致，城乡居民的年龄越大，面临养老的压力越大，其对统一养老保险制度的意愿越高。在城乡户籍条件下，年龄效应的户籍无差异，$P=0.534>0.05$，与假设一致。

（3）文化程度对统一养老保险制度意愿 Y 的影响显著，$P=0.000$，NeoX53$_{(1)}$ 的回归系数 $1.635>0$，NeoX53$_{(2)}$ 的回归系数 $3.925>0$，说明文化程度对统一养老保险制度意愿呈正效应，与假设一致。在城乡户籍条件下，文化程度效应的城乡差异是显著的，$P=0.000$。NeoX53$_{(1)}$ 交互项的回归系数$-1.786<0$，NeoX53$_{(2)}$ 交互项的回归系数$-4.169<0$，说明对于农村居民而言，文化程度对统一养老保险制度意愿效应更强，与假设一致。因为城乡居民的文化程度高，他们对养老保险政策的了解度和认知度高，尤其是文化程度高的农村居民对养老保险制度的统一性和公平性的期盼较高。

（4）婚姻状况。整体来看，离异或丧偶的城乡居民对统一养老保险制度的意愿高，与假设一致。在城乡户籍条件下，婚姻状况效应的城乡之间有显著差异，$P=0.014$，与假设一致。通过研究发现，农村离异或丧偶的居民对统一养老保险制度的意愿更强烈。这是因为离异或丧偶的城乡居民未来的养老问题要靠自己承担，在自身经济状况不好的情况下，没有家庭保障或没有能力参加商业养老保险，目前政府举办的城乡基本养老保险制度是一种普惠制，只要未满 60 岁的城乡居民通过参保均可以保障其老年的基本生活，同时大批农村富余劳动力向城市流动，所以，这些离异或丧偶的农村居民对制度统一的意愿较为强烈。

（5）健康状况对统一养老保险制度意愿 Y 的影响显著，$P=0.006$，与假设一致。虽然不同健康状况相对于其他因素来讲不显著，但从整体趋势可以看出，健康状况越不好的农村居民对统一养老保险制度意愿越高。当今社会发展中，身体健康对每个人是非常重要的，这是因为身体素质好的城乡居民，一方面可以有机会和有能力参加劳动获得生活的来源，保证其基本生活；另一方面支付医疗方面的费用少，家庭的经济负担轻，同时寿命也长，未来实现统一养老保险制度可以选择适合自己经济状况的缴费档次实现"老有所养"的目的。在城乡户籍条件下，健康状况效应的城乡无差异，$P=0.313$，与假设一致。

（6）户籍对统一养老保险制度意愿 Y 的直接效应不显著，$P=0.065$，但有间接效应。这是因为我国早期建立的基本养老保险制度是以户籍制度为界限的，农村居民将土地作为家庭的基本保障。自改革开放以来，伴随市场经济体制的建立和就业体系的改革，我国对城镇企业的用工制度进行了配套改革，随着用工形式的多元化，大批农村劳动力在城市就业，以户籍制度为基础的养老保险制度淡化了户籍因素，结合农民工的特点，沿海发达省市如深圳市、广州市和上海市率先在城镇职工基本养老保险制度的基础上出台了一些政策，鼓励农民工参加外来务工人员的社会养老保险或农民工综合社会保险，但是对大批流动性较强的农民工来讲，因为收入低和工作不稳定，劳动合同关系不稳定，也就没有能力长期参加养老保险，加之养老保险关系在城乡之间和省份与省份之间不能有效转移，所以许多农民工放弃参加养老保险。目前试点的城乡居民统一的社会养老保险制度已经淡化了户籍的概念，在缴费档次、待遇标准等方面实行统一的政策规定，所以，在城乡户籍下城乡居民对统一养老保险制度意愿的直接效应不显著。

第六章 国外养老保险制度改革及其经验借鉴

第一节 英国养老保险制度改革

一、改革思路

英国是世界上最早建立现代社会保障制度的国家，也是现代养老保险制度比较完善的国家。在人口老龄化和经济全球化背景下，面对经济增长缓慢、投资回报率低和债务危机，开始探索养老保险制度市场化改革，其价值取向是降低国家提供的福利水平，提高个人在养老保险中的责任，市场化改革的主要特点是引入市场竞争机制，通过实行个人账户制度和建立私营养老基金管理公司，完全地或逐步地实现公共养老金计划向私营养老金计划的转变，进而减轻国家在养老保险中的责任，使养老保险逐步个人化和市场化。改革的主要措施如下。

（一）优化养老保险制度及其管理

（1）建立养老保险个人账户。1945年第二次世界大战结束以后，英国建立了"从摇篮到坟墓"的国家福利制度，政府为国民提供项目齐全和高水平的社会福利。养老保险制度的价值取向是公平，到20世纪70年代末面对人口老龄化和政府财政不堪重负的局面，撒切尔夫人对福利制度进行了全面改革，近十年来英国政府一直积极鼓励以职业养老金或个人养老金取代老年养老金，其模式是将原本属于政府管理的老年养老金中的附属养老金，依养老金参与者的意愿，外包给民间企业经营，而基础养老金部分仍归政府管理。近年来英国对养老保险制度进行了市场化改革，通过建立个人账户制度，由雇主和雇员按照一定比例共同出资，个人账户的资产完全属于个人，个人的养老金完全来自个人账户的积累，政府只提供税收优惠和最低收益率保证。

（2）实行养老保险筹集多元化。为了减轻政府的养老保险基金支付压力，英国养老保险制度市场化改革体现在养老保险资金筹措方式的多渠道，养老保险基金的市场化管理体现真正的养老保险制度市场化，通过建立私营养老基金管理公司，将养老基金从政府机构管理向私营公司管理转变，筹资由国家全部负担逐步转向筹资的分散化和多元化，即养老保险缴费由国家、企业和个人分摊。

（3）推行养老保险基金投资分散化管理。为了提高养老保险基金的投资收益，增强养老保险制度抵御风险的能力，英国将养老保险基金从过去政府集中垄断性管理转变为私人基金公司的分散性管理，鼓励私人和社会团体承办养老保险事业，以减少政府的保障范围和项目，减轻政府财政负担，鼓励商业性保险的发展，并做出规定凡是符合条件的企业和单位，经批准可以自己成立养老保险项目，使部分保险项目从国家社会保障体系中脱离出来。

（4）重视养老基金投资与金融市场的相互促进。英国是养老金金融市场最为发达的国家之一，其发达的货币市场为养老基金投资提供了丰富的金融工具，资本市场为养老基金投资机构提供了公共部门证券、公司债券等盈利性、流动性、风险性差异较大的投资工具，发达的金融市场为养老金资产配置提供了良好的环境，养老金金融的发展又促进了金融市场的发展。

（二）构建多支柱和市场化的养老保险体系

（1）构筑国家第二养老金计划。英国养老保险市场化改革的目的是集中力量帮助真正需要帮助的人，减少低收入人群对救助福利的依赖，希望中高收入人群购买商业保险提高保障水平。英国政府一方面继续加强国家基本养老金和职业养老金制度的建设，特别是鼓励更多有能力的人参与职业养老金计划和个人养老金计划，为个人提供更加充分的养老保障；另一方面政府推行新的养老金制度改革措施，主张建立国家第二基本养老金制度，这种基本养老金主要是为最需要帮助的低收入者，如老年人、残疾人、妇女、非全日制雇员、临时工等提供养老金，以保障他们的实际生活需要。政府还通过收入补助的形式，加大对老年贫困人口"收入扶持"的力度，建立最低收入保障制度，确保每一位退休者能获得体面的保障。

（2）构建三支柱养老保险体系结构。第一支柱是法定的养老金计划，由国家基本养老金计划和最低收入保障制度组成。在现收现付基础上统一缴费的养老保险，主要由工资税缴纳所组成的国民保险供款计划提供资金。第二支柱是法定的养老金，有几种类型的个人养老保险计划供选择。如果选择多种养老金计划，那么他们将与第二支柱中的国家计划脱离关系，并且支付较低的国民保险税，甚至国民保险的退税部分也会增加。

（3）优化税收优惠政策，增强缴费激励。英国采取部分 EET 税收优惠措施激励缴费，在缴费阶段，职业年金计划的雇主缴费列入人工成本税，雇员缴纳收入税；个人养老金计划参加者要缴纳包含养老金缴费在内的个人所得税，但缴费后可获得 20% 的收入返还，对按 40% 及以上边际税率缴纳所得税的个人还可申请更高税收返还比率。英国慷慨的税收优惠政策提高了职业年金和个人养老金计划的缴费积极性，有利于促进养老金积累和投资收益的增加。

二、启示

从英国改革的经验来看，市场化改革可以提高养老保险制度自身的效益，减少国家财政负担，给公民提供更多养老模式的自主选择权。在市场化改革过程中，英国从福利国家向"社会投资国家"转变，低成本的养老保险支出体系对提高经济运行效率和增强其在全球化背景下的国际竞争力，起到了有力的推动和促进作用。英国的养老保险制度改革对我国养老保险制度改革的启示如下。

（一）逐步做实个人账户

国家和政府需要通过多渠道、多元化筹集资金的手段来偿还巨大的隐性债务，逐步让个人账户的"空账"变为"部分实账"。尤其是要尽快出台养老保险顶层设计方案，改革"统账结合"的基本养老保险制度模式为"大账户+小统筹"，提高个人账户规模，降低社会统筹缴费规模，该模式有利于提高参保人的缴费积极性，以实现多缴多得、长缴多得的目标。

（二）积极推进多支柱养老保险体系

从英国养老保险制度改革的经验看，建立三支柱结构可以健全养老保险体系，可以实现养老保险制度保持经济发展、社会稳定和制度可持续的多重目标。我国第一支柱的基本养老保险制度目前运行正常，作为养老保险体系的核心，有利于减少贫困，维护社会公平；第二支柱的企业年金和职业年金是养老保险体系的重要补充，但是目前中小企业举办企业年金的积极性不高，发展现状并不乐观，通过税收政策，鼓励企业积极为员工建立企业年金制度，一方面提高企业的凝聚力和竞争力，另一方面提高参保者的保障水平和消费能力；第三支柱的个人储蓄保险是养老保险的重要组成部分，根据 2015 年保险监督委员会（简称保监会）发布的《关于提高保险资金投资蓝筹股票监管比例有关事项的通知》，放宽保险资金投资蓝筹股票的监管比例，将投资单一蓝筹股的比例上限由原来占总资产的 5%上升为 10%，体现了第三支柱个人储蓄保险在养老保险体系中的责任担当。

（三）健全政府监管机制，保障基金安全收益

明确政府在养老保险制度发展中的监管职责，避免政府全部包办，充分发挥市场资源的配置功能，遵循养老保险制度自身发展规律，强调企业和个人的责任。

应借鉴英国经验，鼓励补充养老保险的大力发展，提高养老保险的保障水平。在政府监管方面，政府以基金受益人的利益为根本出发点，从养老保险基金的征收、运营和给付三个环节进行有效监督，防止道德风险发生，杜绝违规行为发生，实现养老保险投资的安全性和收益性目标。同时，我国在政府监管下还应加快中介机构及私人部门的建立和发展。私人部门的参与可以提高养老保险基金的投资运营效率，避免政府"寻租"等不和谐因素，进一步保障养老保险基金投资的安全性和收益性。

（四）优化投资结构，实现基金保值增值

（1）实现基本养老保险基金市场化运作。英国经验对我国的启示是从政府集中管理基金逐步转变为私人基金公司分散性管理。引入市场化运作可作为我国养老保险基金的改革方向，养老保险基金由专业的投资管理机构负责，同时引入多个管理机构进行竞争性管理，并在世界范围内选择基金产品和基金管理人，全球化有竞争性的投资方式可最大限度地保证基金的保值增值。

（2）拓宽投资渠道和放宽投资限制。英国经验对我国的启示是养老保险基金投资可以市场化和分散化。我国传统养老保险基金主要投向较低风险但收益率也较低的政府债券和银行存款。面对人口老龄化的挑战，养老保险基金投资收益低、基金收入增幅不高的局面面临巨大的支付压力。我国只有逐步放宽养老保险基金投资限制，才能扩大投资范围，提高养老保险基金收益。同时拓宽养老保险基金投资渠道，不仅有资本市场，还有国家能源、国家保障性住房建设、基础设施等实体经济领域等方面。在减小投资风险的同时扩大投资渠道，进一步促进我国金融市场的发展和投资体系的完善，为养老保险基金提供良好的投资环境。

（3）提高参保人的参与度和信任感。在我国养老基金投资管理中，参保人作为基金缴纳者，几乎不参与基金管理。参保者因为没有投资选择权，所以会降低个人参保的积极性。未来提高个人参与度，有助于调动参保人参与养老保险计划的积极性和主动性。此外，通过增加养老保险制度运行的透明度和公开性，维护参保人的知情权与参与权，提高参保人的信任度与满意度，增强参保人对我国养老保险制度的认同感。

第二节　法国养老保险制度改革

一、改革思路

法国作为"社会团结"概念的诞生地，被界定为社会合作主义福利国家。

法国的现代养老保险制度起源于 19 世纪中叶，其基本养老保险覆盖了全部私立工商性企业的员工，当时养老保险的保障水平较低（平均替代率仅 28%），自由职业者和农民则无法享受养老保险。在 20 世纪 60~70 年代，经济发展提升了养老保险的保障水平，在后期发展中法国为不同社会群体建立的养老保险制度呈现"碎片化"分布，这种制度碎片化分布及其背后的利益割裂，增强了整合性建立统一的养老保险制度的难度，使法国养老保险制度的发展远远落后于英国和德国，"直到第二次世界大战前，法国的社会立法都是碎片化的"。

自 20 世纪 70 年代面对人口结构的失衡、经济与财政预算压力，法国养老保险制度开始一系列改革。2003 年改革引入了资本积累型养老保险制度，其主体仍是带有再分配功能的现收现付型保险，包括基本养老保险和强制性补充养老保险两部分。今天法国养老保险仍包括 35 种退休制度，其覆盖的社会经济群体大致可以分为四类：普通制度、特殊制度、独立工作者制度（又称非工资收入与非农业职业者保险制度）和农业制度。其改革内容如下。

（一）降低养老保障水平

（1）降低私立部门保障水平。首先，法国通过修改基本养老金的核算方法来降低养老保险的保障水平，即通过修改基本养老金的核算基数、获得全额基本养老金的最低缴费年限、基本养老金的重估方法，降低养老保险水平；其次，政府还创建了退休劳动者团结基金，旨在降低上述改革措施对社会公平的伤害，对未缴齐保险费的退休劳动者提供资助，帮助因为暂时失业而缺缴保险费的劳动者补缴保险费。

（2）降低公共部门的保障水平。法国改革后提高了公务员和国企员工两大群体的全额基本养老金的最低缴费年限，规定公务员和私立部门劳动者的最低缴费年限相同，公务员基本养老金根据物价变动进行重估。

（二）优化养老保险结构

法国政府建立新的强制补充保险，即公务员补充保险，还建立了两家为私立部门劳动者服务的任意养老保险，分别是"人民退休养老储蓄计划"和"集体养老储蓄计划"，两者都是资本积累型保险，且都具有任意性，前者由劳动者出资储蓄，后者由企业出资储蓄。优化的养老保险制度对贫困的退休者和很早参加工作的劳动者给予政策的优惠与照顾。

（三）推迟退休年龄

法国通过进一步调整养老保险的参数，包括延后退休年龄、延后获得全额养老金的年龄、调整获得全额基本养老金的最低缴费年限，将退休年龄由之前的60岁调整为62岁。退休年龄的延后也适用于公共部门（公务员和国企员工），规定普通公务员的退休年龄一律从60岁推迟到62岁，公务员的退休年龄改革并不与国企员工同步，退休年龄的延后从2017年起开始推行。

（四）照顾弱势群体的养老利益，维护社会公平正义

法国养老保险制度改革仍坚持社会公平的原则，为社会弱势群体提供政策优待，例如，对于退休的妇女，她们在休产假时所获得的补贴也纳入养老金核算基数的计算（等同于工资收入）；对年轻的失业者和超过55岁的劳动者，政府还出台就业扶持政策。

法国养老保险制度改革的特点是：①以现收现付型为主的筹资模式。法国的养老保险制度始终以再分配功能的现收现付型保险为主，虽然2003年改革引入了资本积累型养老保险，但并不会动摇今天现收现付型与资本积累型之间的平衡。②重视对社会弱势群体的保障。法国改革对社会的弱势群体同样尽力给予悉心照顾。例如，从事繁重劳动职业的劳动者，以及很早就参加工作因而少有闲暇享受生活的劳动者，还有派出型的公务员，他们都可以享受提前退休的优待。③缩减公共部门养老保险制度的特权。2003年之前公共部门职工具有养老特权，即提前退休的条件更为宽松、低缴费率、低缴费最低年限以及在养老金核算基数的计算上的优待，这既不符合社会公平正义，又违背社会连带理念，之后的改革统一了公私职工的养老保险制度，实行统一的退休年龄和缴费率，养老金重估也都与物价挂钩。

二、启示

1. 审慎确定基本养老保障标准

吸取法国养老保险制度改革的经验和教训，需要明确基本养老保险的社会保险地位，审慎确定基本养老保险的保障标准，以免将来不得不"由奢入俭"，这样不仅会产生巨大的社会心理落差，为改革制造障碍，还会伤害代际公平，打击参

保人的积极性。因此，我国基本养老保险的保障水平不宜以高福利为参照，而应该结合国家经济发展以及人口结构的中长期预期来审慎确定。

2. 细化弱势人群的保障政策

面对经济发展滞胀，法国针对弱势群体采取了许多"高瞄准度"的"微型福利政策"，有针对性地照顾弱势群体的养老利益，包括失业者、女性和高龄就业者等。例如，可以为失业者减免一定时段的养老保险费，还应该矫正男性和女性在工资待遇上的不平等，缩小男女职工因工资差异带来悬殊的养老金差距。同时可以为高龄就业者提供就业指导和培训，避免他们过早地退出人力资源市场。对于从事繁重劳动职业的劳动者，完善他们的提前退休制度，可以在养老金的核算上给予优惠等。

3. 逐步消解养老双轨制

1853 年，法国首先为公务员创设了现收现付型养老保险，在养老保险改革进程中，多次围绕公共部门养老特权进行改革，通过破除公共部门的养老特权，法国养老保险制度的全面深入改革才能获得社会认同。借鉴法国经验，我国在 2014 年实施了机关事业单位养老保险制度和企业职工基本养老保险制度相同的筹资模式，城镇养老保险制度长期以来实行的"双轨制"终于并轨了，实现了城镇劳动者之间的养老保险制度的公平性，进一步深化了养老保险制度的改革。

第三节　日本养老保险制度改革

一、改革思路

日本养老保险制度起步较晚但是发展较快，1958 年、1959 年先后颁布了《国民健康保险法》与《国民年金法》，自 20 世纪 50 年代末，伴随日本经济快速发展，养老保险制度在六七十年代达到了高峰，目前实现了全民皆年金的目标。近几年日本人口老龄化和高龄化趋势严重，社会负担十分沉重，2004 年 6 月通过《年金改革法案》，对养老保险制度进行了改革，具体内容如下。

（一）提高养老保险缴费费率和降低领取标准

面对人口老龄化和高龄化对养老保险基金支付的巨大压力，日本养老保险制度改革方案决定在 2017 年把原 13.58% 的厚生年金费率提高到 18.3%，国民年金

缴费额从 13 300 日元提高到 16 900 日元，平均给付比率从原有 59.3%下降至
50.2%。同时延长缴纳养老保险费的年龄，通过提高厚生养老金的给付年龄等手段
缓解养老保险基金支付压力。

（二）实行赋课方式

在少子高龄化迅速发展、纳税人减少而领取年金人数增加的背景下，日本政
府引进"赋课方式"，即根据后代人负担原则，通过不断提高保险费来积累将来支
付养老金所需要的费用。

（三）推出综合配套改革措施

日本采取"社会保障与税制一体化改革"推进养老保险制度改革步伐。第一，
推行全国统一的最低养老保障。国家财政对养老保险的全额补贴标准为每人每月
7 万日元；如果个人每月从保险账户得到的养老金超过 7 万日元，则国家财政不
再补贴；不足 7 万日元者，由国家补足差额，财政的负担将大为减轻。第二，建
立养老金弹性调整机制。日本于 1973 年建立了养老金与物价上涨挂钩、养老金可
随物价下降而下调的机制。第三，扩大企业年金覆盖面。面对企业仅为正式员工
缴纳保险费的局面，政府将适用范围扩大到每周工作时间 20 小时（原制度为 30
小时）以上的非正式员工。

（四）严控养老金的支付额度，设定专项资金作来源保证

（1）控制养老金的支付额。日本开拓了"积累式"新型养老金业务，将现行
"后代人扶养前代人"的"义务式"厚生养老金改为以"自我努力"和"自我负
责"为前提的"积累式"。规定 65～70 岁仍在工作的老人，其收入如果超过平
均工资，不仅不能领取养老金，还要继续缴纳保险费，逐渐推迟养老金的领取
年龄。2001～2013 年将男性的养老金领取年龄逐渐延至 65 岁，女性的养老金领
取年龄也将提高至 65 岁，养老金支付额不再随平均工资的增加而上浮，而是随
物价上涨而增加。

（2）划定社保的专项资金来源。2012 年日本参众两院通过的法案规定，在
不发生重大变故的情况下，自 2014 年 4 月 1 日起，将消费税率由 5%提高到
8%，2015 年 10 月 1 日起再次提高到 10%，将消费税作为社会保障的固定资金
来源。

二、启示

（一）建立公平、统一、多层次的养老保险体系

2014 年我国城乡居民统一养老保险制度成为我国养老保险制度改革迈向公平的关键性一步，虽然机关事业单位养老保险制度与企业职工养老保险制度实行相同的筹资模式，但是不同群体的养老金待遇的差距、养老账户的亏空依然存在，基本养老保险统账结合的模式还有待于进一步改革与完善，争取在 2020 年实现真正统一、公平的养老保险制度的目标。

（1）适当地降低机关事业单位的养老金替代率。为了实现养老保险制度的公平性，政府、企业和个人责任要合理共担。尽管我国每年都提高职工养老待遇，但政府为企业职工的养老付出相对公职人员偏低很多，正常的养老金调整机制尚未建立。目前，机关事业单位的养老金的替代率是 80%～90%，尽管企业的养老金替代率 12 年连续提高，但 2013 年只达到 44.13%，相对机关事业单位低得多，因此，在不影响机关事业单位人员退休后基本生活质量的前提下，应适当降低其养老金替代率，实现真正的公平。

（2）发挥企业年金对基本养老保险的补充作用。借鉴日本经验，鼓励企业为职工举办企业年金，国家可颁布有关企业年金免税等优惠政策，这样既能激发职工的工作积极性、稳定职工队伍、增强企业的凝聚力，还能为职工退休后的生活提供更好的保障，同时减轻了基本养老保险的压力。

（3）鼓励个人参加储蓄养老保险。规定职工个人账户缴费不超过工资的一定比例可以免税，用个人所得税的减免来促进养老保险替代率的提高，鼓励个人积极参加储蓄养老保险制度，以弥补基础养老保险的不足。

（二）确保经济可持续发展

近年来我国养老保险制度建设方面取得了显著成就，因为长期以来受我国城乡经济发展不平衡的影响，所以养老保险制度出现了城乡差异、地区差异、人群差异的"碎片化"分布，未来改革完善养老保险制度面临的瓶颈依然是经济发展。面对日益加速的人口老龄化，一方面存在养老金个人账户空账运行问题；另一方面机关事业单位养老制度并轨后，将出现近 0.4 亿人未缴纳视同缴纳的"空缺"，将会对财政支出形成巨大压力，应该吸取日本的教训，确保经济稳定增长，为养老保险改革提供充足的资金保障。

（三）逐渐延长养老金的缴纳时间与推迟养老金领取的时间并进的改革

目前我国的情况是缴纳养老金的时间最短为 15 年，相对其他国家较短，而且退休年龄与领取养老金的年龄较早，这个矛盾可用灵活的就业层次结构和老龄就业养老保障制度的完善来解决。考虑延长养老金的缴纳时间及推迟领取养老金的年龄，这是解决养老保险收支失衡的有效办法之一。首先，控制提前退休的风潮，因为提前退休或内退不仅会裁掉大量有经验的职工，也给国家增加就业和保险金支付的负担，所以规范企业用工行为，严格执行国家退休制度；其次，渐进推迟养老金的领取年龄。我国男职工 60 岁、女干部 55 岁、女工人 50 岁的退休年龄是20 世纪 50 年代制定的，当时我国人口的预期平均寿命在 50 岁左右，现在我国人口的平均寿命已达 72 岁，显然现在的退休年龄已与人口的健康状况不相适应，应适当地提高，以减少养老金的支出，减轻社会统筹账户的支出负担。

（四）加强对养老金的投资运营，确保养老保险金的保值增值

养老保险制度的改革需充足的资金做后盾，尤其我国正处于"双轨制"的合并期，新的养老保险制度的建立需要巨额的资金支持，要实现养老保险基金的保值增值就必须提高基金的运作效率，逐步扩大基金入市的比例。首先，调整中央政府和各级地方政府的支出结构，加大对社会保障基金的支持力度。其次，设立基金管理公司，加强对基本养老保险基金的投资运作。合理地将养老保险基金投入我国基础设施和重点建设项目中，既可弥补我国长期建设资金短缺，又可确保社会养老保险基金的保值增值，使我国的养老基金的管理更加科学化、法律化及透明化。

第四节　美国养老保险制度改革

一、改革思路

美国于 1935 年建立联邦社会养老保险，其体系包括养老、遗属及残障保险，是联邦政府最大的社会保险支出项目，也是美国社会保障的基石，主要保障退休雇员、已故雇员的遗属或者伤残老人。早期该制度结合各州的经济发展水平开始尝试，通过法律确定，后来开始了全国性质的养老金制度。美国联邦社会养老保

险制度经历了建立期、快速发展期、改革期三个阶段。自 20 世纪 80 年代以来，随着人口老龄化日益严重、经济增长放缓、社会保障财政压力加大，美国联邦养老保险制度步入改革调整阶段，改革的主要内容如下。

（一）财政责任采取兜底责任模式

（1）美国针对不同的人群实行不同的养老保障制度，如老年、遗属、残疾人保险制度和老年收入补充保障制度，前者主要覆盖劳动者，资金源于雇主和雇员缴费；后者主要覆盖低收入者，资金源于财政。美国养老保险制度包括老年、遗属和残疾人保险制度、文官退休制度、联邦退休体系、现役军人退休体系、铁路部门退休制度、节约储蓄计划和各州与地方退休体系。因为各种养老保险制度建立时间、覆盖人员存在差异，所以政府财政责任也存在差异。在老年、遗属和残疾人保险制度中，政府并不是直接承担缴费和给付环节的财政责任，而是以财政补贴补助。

（2）提高法定退休年龄。1983 年美国国会通过的法案将全额领取养老金的退休年龄从 65 岁逐渐提高到 67 岁，从 2000 年开始，2021 年完成。美国法律规定，职工仍可在 62 岁退休，不过享受的退休福利待遇会有较大规模的缩减。如果正常退休年龄为 67 岁，62 岁退休则只能领到养老金的 70%。如果职工推迟退休，那么 70 岁之后就可领取超额养老金。用 20 余年的时间逐步提高 2 年的退休年龄，美国政府在政策制定过程中充分考虑了民众对退休年龄提高的不满情绪；而提前退休福利的缩减和延迟退休的超额福利，则抑制了提前退休，鼓励了老年人参与劳动，减缓了老龄化对美国社会保障的冲击以及对社会赡养造成的压力。

（二）建立多支柱养老保险

通过政府引导支持雇主养老金和个人养老保险的发展，建立多元化的养老保险体系，可以大大增强美国养老保险制度的抗风险能力；用大保障体系应对人口老龄化的思路，构建一个多元化、多层次的混合型老年保障体系，将人口老龄化带来的老年保障的经济压力与社会服务压力化解在一个责任共担、纵横交错的安全网络之中。美国养老保险制度发展经历了较为曲折的历程，但多支柱养老保险制度框架已经形成。第一支柱为公共养老金，即老年、遗属和残疾人保险制度。同时，铁路工人养老制度、联邦雇员退休制度和退伍军人养老金计划也属于公共养老金制度。美国财政部数据显示，随着美国人口老龄化及财政压力的加重，老年、遗属和残疾人保险制度雇主和雇员的缴费率已从 1970 年的 4.2%增至 2006 年的 6.2%。第二支柱为补充养老金制度，即雇主养老金计划，如 401（k）计划。第三支柱为个人储蓄。

二、启示

（1）客观认识养老保险制度财政责任差异性。美国养老保险制度政府财政责任的地区差异和项目差异表明，养老保险制度政府财政责任差异性是客观存在的，这与经济社会条件的差异密不可分。中国长期以来实行城乡二元经济体制，加之地区之间经济发展不平衡，养老保险制度政府财政责任的差异也是一种客观存在，正是在差异化的养老保险制度政府财政责任模式下，2012 年中国实现了养老保险制度的全覆盖，养老保险制度政府财政责任的差异仍存在。未来实现统一养老保险制度将会缩小城乡和地区之间的财政责任差异。

（2）完善多层次养老保险制度体系，在多层次框架中改善养老保险制度政府财政责任。美国养老保险制度政府财政责任的改革是在多支柱框架下进行的。中国养老保险制度有 1997 年的城镇企业职工基本养老保险制度、2009 年的新型农村养老保险制度、2011 年的城镇居民养老保险制度，目前形成了不同的养老保险制度政府财政责任模式，并存在养老保险制度政府财政责任的地区差异和城乡差异。城镇企业职工基本养老保险制度采取兜底责任模式，城乡居民养老保险制度政府财政责任采取"入口补"和"出口补"责任模式。城镇企业职工基本养老保险制度是在企业年金制度还不完善的情况下发展的，机关事业单位养老保险制度及其职业年金制度是初建时期，这对于未来中国养老保险制度财政责任的改革存在压力和挑战。中国需要加快发展第二、第三支柱养老保险制度，以此推动政府财政责任的合理化。

（3）重视养老保险制度财政责任改善的经济社会环境和制度环境。养老保险制度的发展变化，离不开制度存在的经济社会条件和制度环境因素。经济社会条件的变化会影响养老保险制度财政责任的改革。例如，在美国养老保险制度财政责任改革中，执政党的执政理念、美国自由主义的文化土壤、经济发展状况、人口老龄化等因素均影响美国养老保险制度政府财政责任的变化。在中国养老保险制度财政责任的改善中，应关注养老保险制度财政责任改善所存在的经济社会条件。目前，中国经济增长稳定、财政收入充裕，为养老保险制度财政责任改善提供了良好的经济环境，科学的执政理念、社会管理与公共服务的政府职能都为养老保险制度财政责任改善提供了良好的政治环境，未来面对经济新常态、人口老龄化、流动人口等社会经济环境，面对养老保险发展不充分和养老资源供需不平衡的局面，中国养老保险制度财政责任的改善应主动适应社会经济条件和制度环境的变化。

第五节　德国养老保险制度改革

一、改革思路

德国是世界上最早建立养老保险制度的国家，经过长期的探索和完善，德国已经形成了较为完备的覆盖城乡的养老保险制度，对保障国民生活和促进经济发展发挥了重要作用。面对人口老龄化、少子化及财政负担过重的压力，德国积极完善和改革养老保险制度，具体的思路如下。

（一）不断优化农村养老保险制度

纵观德国农村养老保险制度的变迁，发现德国在解决养老保险面临的经济、社会、民生等问题时，法律发挥了先导性作用。德国政府于 1957 年颁布《农民老年救济法》，该法遵循强制性原则、个人义务为先的原则和"受益与投入"对等的三大原则。通过立法把农民真正纳入社会保险制度，使德国农村建立了真正意义的社会养老保险，标志着农村社会也从家庭养老进入了社会养老的新阶段。在制度上消除了男女享受权益不平等的现象，让广大农民分享到德国经济发展所带来的成果。该法的特点是：①增加了参保对象。让农妇成为独立的参保人加入养老保险制度中，农妇不再是依附于农场主的参保人。②细化了参保对象领取养老金的条件。③联邦政府增加了对农村养老保险资金的补贴。④采取现金与实物相结合的养老金给付方式。⑤各个养老保险体制间转移接续是自由的。⑥由保险机构实行自治管理。面对农业领域竞争的加剧和人口老龄化及养老金收不抵支的压力，德国再次进行法律修改和调整。联邦政府于 2002 年 1 月改革了养老保险制度，一方面提高农民缴费数额，有效缓解养老保险基金支出的压力；另一方面降低养老金水平，鼓励农民投保私人养老保险。

（二）重视养老保险信息化建设

高度发达的信息化条件给德国每一位投保人员提供了一个独一无二的社会福利号码，并且每个人不会因为地域、所从事企业性质的差异而接受差异化的福利待遇。社会保障号码伴随每个人的终身且不可伪造，社会保障号码是领取工资、享受社会福利的唯一凭证，办理银行账号、保险、驾驶执照和财产登记同样离不开它。农村养老保险体制的开放性使得投保人可以在农村养老保险体制和普通养老保险体制之间自由转换。

（三）持续提高老年年金的保险费率

为了解决老年年金支付过大的问题，德国政府持续提高老年年金的保险费率，早在 1957 年老年年金保险费率是 14%，到 1997 年提高为 20.3%，到 2010 年提高为 23.0%，计划到 2040 年提高为 28.7%。

（四）提高退休年龄，严格给付资格，降低替代率

德国的年金所得替代率较高，20 世纪 90 年代保持在 70%～80%，为了缓解年金支付压力，调整年金给付水平的参数，德国从 2001 年逐渐提高退休年龄，要求年满 65 岁且投保满 35 年的职工才可以领取年金，如申请提前退休的可扣除一定比例的年金。

二、启示

1. 注重农村养老保险的法制建设

养老保险制度的规范和统一是通过立法保障的，通过法律制度将社会保障确定下来，可以保证其有效执行，同时降低运行成本。纵观德国的农村养老保险建立和改革历程，无一不是深入农村进行科学调研，进而制定相关改革法律才启动改革的，这种做法不仅保证了制度的科学性，还树立了权威性，为养老保险改革政策的有效执行扫清了障碍。德国完备的法律法规对我国农村养老保险建设启示意义重大，无论养老保险的管理运营，还是转移接续，抑或是发展商业养老保险，都需要有一部明确的法律保障其生命力和执行力。

2. 注重保护农民的利益

德国为农民专门建立了完善的养老保险，充分考虑到了农民群体的利益和农业生产的特殊性，即使面临养老金入不敷出的难题，也没有取消农村养老保险制度，在保护农民利益的同时，也调动了农民的生产热情，稳固了农业作为国民经济基础的这一根基。德国出于保障农民利益、保护农业发展、促进农业管理理念和技术及时更新的目的，为农场主这一特殊群体专门建立养老保险体系，并在保

险费上予以较大的财政补贴,目的就是让年老的农场主无忧无虑地安享晚年生活,把农业企业及早交给年轻的下一代,年轻继承人更容易接受先进的管理理念和采用农业新技术,从而保证德国农业的健康、稳定和可持续发展。

3. 有效解决农村养老保险关系的转移和接续问题

在经济联系越来越强、人口流动越来越频繁的形势下,养老保险关系能否自由转化越来越成为衡量一国养老保险制度活力的重要指标。德国养老保险体系之所以分工合理、发展完善,一个不可忽视的重要原因就是以法律形式确定了养老保险转移和接续的计算方法以及疏通了养老保险关系衔接的渠道。具体到我国农村,主要应解决好农民工养老保险关系的转移和接续问题。

第六节　韩国养老保险制度改革

一、改革思路

韩国于 1988 年实施国民年金计划,经过多次调整基本形成了政府、企业、个人权责清晰的多支柱养老保障体系框架。其中零支柱是保障最低养老收入的缴费型基础年金,第一支柱是与收入挂钩的国民年金及特殊职业年金,第二支柱是自愿性个人商业养老保险,第三支柱是税收机制激励个人年金。近年来在政府的大力支持下,企业年金和个人储蓄型养老保险发展较快,第二和第三支柱养老保障的作用日趋增强。为了应对人口老龄化,针对当前公共年金收支存在逆差和缴费率不高的问题,韩国加快了养老保障体系改革的步伐,具体思路如下。

1. 启动公务员年金改革

公务员年金是特殊的职业年金,长期以来韩国的职业年金的费率和财政补贴高于国民年金,国民年金和公务员年金的替代率差距较大,对财政造成巨大的压力。2015 年韩国国会通过公务员年金法修改案,正式启动公务员年金改革,遵循"多缴、少领、晚领"的改革理念,采取阶段性提高缴费费率,费率是个人和企业各自负担一半,阶段性降低公务员年金收入的替代率和领取年金的缴费年限,延迟公务员年金领取年龄,引入公务员收入分配调整机制。

2. 普及企业年金

因为韩国的国民年金的平均替代率较低(20%左右),难以满足国民养老需求,所以为了提高年金制度的运行效率和提高保障水平，从 2016 年韩国强制 300 人以上的企业建立企业年金制度，扩大到中小企业，到 2022 年实现全国普及，替代现有退休金制度。韩国在未来 3 年内对 30 人以下的中小企业建立专门基金委员会，制定基金投资组合，保障中小企业年金营利性，对 10 人以下规模的企业免除制定退休金规章等烦琐议程，建立简易型退休年金。

3. 促进退休金投资多元化

韩国为了促进退休年金快速发展，在 2014 年公布了促进私人年金活跃发展相关对策，对投资营运机制进行调整，并加强监管力度。第一，提高退休年金风险性资产投资比例，提高其保值增值能力，加快培育养老金市场。第二，取消单个风险产品投资限额。对不同年金实行不同投资组合，股票在风险组合中所占比例不得超过 30%，其他如债券等可以自由组合，将风险性投资比例限制在 70% 以内即可。第三，将年金纳入存款保险制度的保护范畴。为了提高资产组合质量，韩国规定自 2015 年 7 月禁止年金运营机构购买本公司金融产品，将存放在金融机构的部分年金纳入存款保险保护范畴。第四，逐步推进养老金外部积累，鼓励企业建立专门投资委员会，制定投资组合，提高投资收益率和稳定性。

4. 建立住宅年金

为了丰富养老方式，韩国在 2007 年 7 月对 60 岁以上拥有单个房间或多个房屋总值不超过 9 亿韩元的老人建立了住宅年金，即申请人将房产抵押给住宅金融公司，由住宅金融公司按即期市场价格为申请人提供担保，申请人在继续使用房屋的同时，每月从银行领取养老金直至身故。韩国的住宅年金和基础年金可同时领取，形成双重保障。

二、启示

1. 加快推进长期护理保险制度的试点

2008 年韩国为了应对人口老龄化建立了长期护理保险制度。伴随我国人口老龄化、空巢化、高龄化趋势的严重，因为机构养老发展滞后已满足不了广大老年人的养老护理需求，所以要加快我国老年长期护理保险制度的试点步伐，将老年长期护理保险制度纳入社会保险体系，由政府、企业、个人三方负担保费，为失能老人提供居家生活照料服务等。

2. 实现基础养老金全国统筹

韩国为了提高养老保险制度的互济性和方便职工养老保险关系的转移，较早地实现养老保险全国统筹，国民年金实施全国统一的费率、收入替代率和待遇水平。未来我国为了提高养老保险制度的互助共济能力，消除地区之间的制度分割带来的发展不均衡，同时为流动人员提供养老保险关系转移和接续的便利条件，加快提高养老保险统筹层次尤为重要。2020 年将把目前全国企业职工基本养老保险基础养老金省级统筹转变为全国统筹，制定全国统一的费率、收入替代率、缴费基数和养老金待遇，实现养老保险制度的公平性。

3. 大力推进年金补充保险制度

借鉴韩国的有益经验，大力培育和发展企业年金和个人储蓄养老保险制度，对企业年金个人积累部分和储蓄性养老保险采用个人税收递延方式。我国目前第一支柱的基础养老保险制度运行正常，第二支柱的企业年金和第三支柱的个人储蓄养老保险发展较为缓慢，因此要尽快制定和完善养老保险税收优惠政策，适时降低养老保险费率，提高企业和个人参加补充保险的积极性，重视商业保险发挥养老保险的补充作用，积极引导居民自愿参加储蓄保障，提高个人养老保障水平，逐步促进多层次养老保障体系的协调发展。

第七章　推进实现我国统一养老保险制度的路径

统一养老保险制度是我国未来实现更加公平和可持续社会保障制度的重大目标，必须根据经济发展水平分阶段逐步实施。基于现行养老保险制度公平性存在的问题和统一养老保险制度影响因素分析结果，从制度实施步骤、制度优化及其配套措施提出推进我国统一养老保险制度的具体策略。

第一节　实现我国统一养老保险制度的步骤

公平正义是养老保险制度追求的核心价值理念，中国共产党历届领导人将马克思主义社会保障思想中国化，结合我国的实际情况，提出"三步走"的发展战略。我国养老保险制度的发展要坚持公平的理念，正确处理好经济发展和养老保险的关系，经济发展是养老保险制度发展的物质基础，统一、公平的养老保险制度又可以促进经济的发展，未来把我国有差异的养老保险制度发展为统一的养老保险制度，必须采取渐进式的发展思路，需要经过整合城乡基本养老保险制度、衔接城乡养老保险制度、统一全国养老保险制度三个阶段逐步实现，具体如下。

一、整合城乡基本养老保险制度

城乡基本养老保险制度整合是指将城乡分割的不同基本养老保险项目在管理制度、管理手段、管理模式上进行整体重新组合，例如，我国目前正在推行的城乡统一的居民基本养老保险制度就是养老保险制度统一的第一步，它实现了养老保险制度在城乡之间的公平性。整合城乡养老保险制度属于宏观层面，具有战略性和规划性，需要从国家层面进行制度顶层设计，使得城乡基本养老保险制度在不同人群之间具有统一性，城乡基本养老保险制度整合是实现衔接的基础，整合的时间是2012~2015年。2012年我国建立了覆盖城乡居民的养老保险体系，然而城乡养老保险制度存在各类养老保险制度并存的局面，为了优化整个养老保险体系，降低养老保险制度运行成本，提高养老保险制度的公平性，全国将农村计划生育家庭奖励制度、农村集体退休金制度、失地农民养老保险制度、农民工养老保险制度、老农保逐步与新农保制度并轨，将过渡性的制度如失地农民养老保险制度、老农保直接与新农保制度并轨，通过整合将多种农村社会养老保险制度并轨为新型农村社会养老保险制度，截至 2014 年建立的城乡居民统一的基本养老保险制度，标志着城乡居民基本养老保险制度整合任务已顺利完成。2015 年国务院决定改革机关事业单位工作人员养老保险制度，实行与企业职工相同的统账结合的基本养老保险制度，结束了长期以来机关事业单位养老保险与企业职工养老保险"双轨制"，标志着城镇职工养老保险制度的整合任务顺利完成。

二、衔接城乡养老保险制度

城乡基本养老保险制度衔接又称为城乡基本养老保险关系转移和接续，或简称关系转续，是指参保人员在不同地区就业时，其养老保险有关权益记录及待遇水平等关系随其发生的必要转移和接续。城乡基本养老保险制度衔接属于微观层面，具有技术性和操作性，从"大社保"的理念出发，既包括城乡养老保险制度之间的纵向衔接，也包括城乡养老保险制度与社会救助、社会福利等政策的横向衔接，衔接的时间是 2016～2020 年。在 1997 年城镇企业职工基本养老保险制度推行以来，随着沿海发达地区经济发展的需要，内地部分省（自治区、直辖市）成为劳动力输出的主要来源，加之农村大批劳动力不断涌向城市，外来务工人员面对养老保险关系不能异地转移和接续，深圳市不断出现"退保潮"的现象，为了解决企业职工跨省流动就业带来的养老保险关系转移和接续问题，2010 年 1 月开始实施《城镇企业职工基本养老保险关系转移接续暂行办法》，后来颁布《中华人民共和国社会保险法》和《城乡养老保险制度衔接暂行办法》，这些政策要求城镇企业职工基本养老保险与新型农村社会养老保险制度、城镇居民社会养老保险制度相衔接，目前此项工作正在全国各地实践中具体落实，到 2020 年实现城乡基本养老保险制度之间的互通衔接。

三、统一全国养老保险制度

在实现了城乡基本养老保险制度之间的有效衔接后，为了彻底消除现行养老保险制度在地区之间、人群之间和城乡之间的差异性，2021～2030 年要逐步实现全国统一的养老保险制度。该制度取消过去按户籍和职业身份划分参保人群，统一按公民身份参保，取消现行按城乡和职业设计的四种制度名称，统一的养老保险制度由国家强制征收养老保险税，以实现养老保险"公平、正义、共享、普惠"为目标，实行统一标准、统一管理和统一支付，采取均一制费率和现收现付制。

第二节　实现我国统一养老保险制度的措施

一、尽快完善城乡养老保险制度衔接政策

（1）界定基本养老保险体系与衔接的内容。《中华人民共和国社会保险法》规定，我国城乡基本养老保险体系包括企业职工基本养老保险制度、城乡居民养老保险制度（新农保和城镇居民养老保险）、机关事业单位养老保险制度三大部分，城乡基本养老保险制度衔接应该是三大制度之间的互为转移，即企业职工基本养老保险制度与机关事业单位养老保险制度衔接、企业职工基本养老保险制度与城乡居民养老保险制度衔接、城乡居民养老保险制度与机关事业单位养老保险制度衔接，城乡居民养老保险制度之间的衔接。但是现有《城乡养老保险制度衔接暂行办法》对基本养老保险关系的界定较为含糊，仅规定了企业职工基本养老保险制度与城乡居民养老保险制度之间的衔接，没有涵盖其他制度的衔接。因此，需要重新界定基本养老保险关系与衔接的内容，确保城乡养老保险体系统一的各制度之间的互通衔接。

（2）出台城乡居民养老保险制度与机关事业单位养老保险制度衔接的办法。现行的《城乡养老保险制度衔接暂行办法》对城乡居民养老保险制度与机关事业单位养老保险制度衔接没有考虑，但在现实中自2011年起相关部门已开始探索从村干部、优秀工人、农民工中考虑公务员的办法，以后农民或市民可能进入公务员行业，面临城乡居民养老保险制度与机关事业单位养老保险制度的衔接，需要在现有政策规定中出台此制度之间衔接的具体办法。

（3）制定基本养老保险与其他保障政策衔接的办法。基本养老保险制度的宗旨是保障老年人基本生活，从而体现基本养老保险制度的互济性、统一性和公平性。目前我国现有政策仅规定城乡基本养老保险制度之间可以衔接，然而与部分低收入和贫困群体的保障、补助和补贴政策没有衔接，导致部分人群多领取补贴和补助，部分人群因故没有享受保障、补贴和补助，这源于我国城乡基本养老保险制度缺乏与其他政策衔接的具体办法，因此，从国家层面应制定基本养老保险和其他保障制度的衔接办法，如养老保险制度与低保制度、计划生育补贴、高龄生活补贴、失独老人补贴等制度衔接，实现全体居民人人享有养老保障的目标。

（4）规范待遇计发，确保待遇权益完整。做好参保者各阶段养老保险缴费记录和权益累计是进行养老保险待遇综合计发的重要前提，但要保障参保者待遇权益完整，必须要明确合理的待遇计发办法，确保参保人共享经济发展成果。我国养老保险制度规定的待遇享受条件是缴费达到15年且达到退休年龄，待遇计发时包括基础养老金和个人账户养老金，个人账户养老金在转移就业过程中随同累

就不存在分段计算的问题，社会统筹部分的权益记录就涉及分别支付的问题，可以借鉴欧盟的经验。参保者不同阶段的待遇计发主要包括个人账户待遇和基础养老金待遇。在个人账户待遇计发方面，可以保持原有计发方式不变，即个人账户总额除以对应年龄领取退休金时的计发月数，即个人账户养老金。

二、制定全国养老保险制度的统一政策

1. 制定统一的缴费比例（缴费档次）

按照马克思的公平理论，要实现养老保险制度的过程公平，养老保险制度的缴费比例就要统一。目前现行的企业职工基本养老保险缴费比例在全国不统一。因为企业承担的缴费比例不同，所以地区之间经济发展水平存在较大差异。为了实现养老保险制度的公平性，今后在养老保险制度统一模式中，统一规定国家养老金制度的缴费比例，实行企业和个人均担养老保险费，由国家统一征缴和管理及发放养老金，将养老保险费改为征缴养老保险税。统一规定企业年金制度和个人养老金制度的缴费比例，实行"多缴多得、长缴多得"的原则，体现养老保险制度的效率。

2. 建立统一的缴费激励机制

因为我国养老保险制度设计本身存在缺陷，所以缺乏效率原则的体现，城乡基本养老保险制度均没有建立合理的缴费激励机制。今后为了提高参保者的缴费积极性，要制定"多缴多得、长缴多得"的激励办法，确保缴费档次调整的制度化和自动化。在城乡居民养老保险制度中，根据不同收入水平城乡居民的参保需求，加大对不同缴费档次的补贴金额，调动参保者选择较高档次养老保险费的积极性，激励和引导他们早参保、多缴费、多受益，鼓励中青年参保居民要长缴多得。另外随着居民预期寿命的提高，借鉴国外的经验，鼓励参保者延长缴费年限，对缴费 15 年以上的参保者每多缴一年给予 1%～3% 的浮动额，基于权利和义务相对应的原则分别计算两种养老金，这样不仅有利于增加城乡参保者的个人账户的资金规模，还有利于提高城乡老年人基本生活的保障水平。

3. 建立统一的基础养老金正常调整机制

逐步提高城乡养老金待遇水平是缩小城乡不同群体在养老保险制度之间的差距和提高城乡居民参保积极性的重要措施之一。我国企业职工基本养老保险制度自 2003 年以来，全国统一按 10% 的比例连续调整养老金待遇水平 12 年，虽然各地上调的基础养老金待遇水平高低有差异，但整体而言城镇企业职工基

本养老保险制度已经建立了正常的养老金调整机制。为了提高城乡居民的参保积极性，针对目前城乡居民养老保险制度缺乏基础养老金调整机制，应建立健全城乡居民基础养老金正常的调整机制，可借鉴城镇企业职工基本养老保险金调整机制的做法，形成与地区经济发展水平、物价水平涨幅联动的自动调整机制，基于城乡居民的消费水平状况，为了防止城乡居民与企业职工养老保险的待遇水平差距过于悬殊，避免"剪刀差"的现象，建议城乡居民养老保险待遇水平每年增长的比例为7%～8%，切实保障城乡居民的基本生活，真正让城乡居民分享经济社会发展的成果。

4. 制定统一的享受养老金待遇的年龄

统一养老保险制度的结果公平不仅体现在待遇水平方面，还体现在享受养老金的年龄应该是统一的。目前城乡居民养老保险制度领取养老金的年龄是统一的，而城镇企业与机关事业单位的女性和男性长期以来实行不同年龄的退休制度，女性领取养老金的年龄和男性不统一，这不符合养老保险制度的公平性。因此，应加快修改我国现行的退休政策，首先，实行男女职工同龄退休的制度，消除男女性别差异；其次，统一将60周岁定为全民享受养老金待遇的法定年龄，如果在今后实行延迟退休政策后，养老保险的参保者仍然要实行统一领取养老金的年龄。

三、提高养老保险制度的统筹层次

（一）建立长效的公共财政投入机制

财政是国家治理的基础和重要支柱，财政取之于民、用之于民，坚持财政的公共性、公平性，不断提高公共服务质量，增强人民群众获得感。政府是举办养老保险的主体，政府在基本养老保险制度运行中履行制度设计、资金投入和监督管理的职责。养老保险基金筹集是确保城乡基本养老保险基金支出的前提，养老保险基金的收支平衡是保证城乡基本养老保险制度长期有效运行的关键。我国城乡养老保险制度在筹资模式上存在较大的差异，为了实现统一养老保险制度，首先，建立养老保险各级财政责任分担机制。要转变传统的财政投入理念，发挥各级政府的主体作用，明确中央、省、市三级财政的责任权限，进一步完善养老保险预算制度，不断加强对预算制度的执行力度，落实好各级财政对养老保险制度的补助资金。其次，中央和省级财政共同设立最低养老金。政府应继续加大对城乡居民养老保险的投入，不断完善社会养老保险体系，通过加强财政补贴力度和养老金调整机制，不断提高养老保险待遇水平。政府尤其要加大对弱势群体的补贴，结合农民工、城镇灵活就业人员、城乡低收入和贫困家庭的实际情况，针对这些群体设立财政补贴专户，解决这些群体的养老保险缴费困难问题，确保其养老保障权益的实现。最后，转变财政的补贴方式，由事后的"暗补"转变为事前的"明补"。明确中央财政在养老保险制度中的具体责任，按统筹账户基金支出的一定比例确定财政补贴规模，并将其补贴比例确定为稳定状态，这样既体现了财政应该承担的基本职责，又有利于养老保险责任分担趋于合理和费率负担更加公平。

（二）逐步实现基础养老金全国统筹

党的十九大报告指出"尽快实现养老保险，全国统筹"，这不仅有利于实现地区之间的收入再分配和不同社会成员之间的互助共济，有利于公平原则的实现；而且增强制度互助共济的功能，同时促进劳动者在全国范围内合理有序流动。因为养老保险基金统筹层次与分散风险能力和流动性密切相关，所以统筹层次越高，养老保险基金分散风险的能力和流动性也就越强，基金调剂余缺的能力越强。养老保险制度基金实现全国统筹不仅可以增强基本养老保险制度的互济能力和抵御风险的能力，还可以减少结构性资金缺口。

目前全国31个省（自治区、直辖市）①和新疆生产建设兵团已建立养老保险省级统筹制度，许多省（自治区、直辖市）的新农保实行县级统筹，城镇居民社会养老保险实行省级或市级统筹，相比之下新农保制度的统筹层次较低。未来城镇企业职工基本养老保险和城乡居民养老保险的基础养老金要实现全国统筹，是为了实现养老保险制度在省级范围内实行统一制度、统一标准、统一征收和统一管理。因此，新农保基金要加快从县级统筹实现为市级统筹，之后与城镇居民养老保险制度的基础养老金从省级统筹最终实现全国统筹。在基础养老金从省级统筹向全国统筹发展进程中，应按照积极稳妥逐步推进的方式，同时充分发挥中央财政和省级财政调剂金的作用，适当提高省级调剂金规模，并使其具有协调地区间因养老保险关系转移引起利益变动的功能，对因转移造成统筹基金支付压力大的地区给予适当倾斜，中央财政则通过转移支付协调省际养老保险关系转移引起的利益变动。

四、增强养老保险基金保值增值能力

养老保险基金是养老保险制度有效运行的物质基础。城乡居民基本养老保险制度实行的是个人账户积累制，其基金的保值增值是保障制度正常运行的关键所在。随着城乡基本养老保险参保人数的不断增加，养老保险基金收入的规模越来

---

① 未包含香港、澳门、台湾。

越大，2016 年城镇职工基本养老保险基金总收入为 35 058 亿元，累计结存为 38 580 亿元，城乡居民基本养老保险基金收入为 2933 亿元，累计结存 5385 亿元[①]，这两项基金结余总额为 43 965 亿元，确保养老保险基金的保值和增值，对我国现有的养老保险基金投资管理提出了严峻挑战。

1. 政府要转变养老保险基金管理的理念，引入市场竞争机制

我国经济发展进入新常态，人口老龄化挑战日趋严峻，养老保险基金的支付压力逐步加大。随着城乡居民参保人群的不断增加，未来城乡居民社会养老保险基金的规模越来越大，做好基金的安全管理和投资运作是当前养老保险制度发展的重要任务之一。因此，今后政府要进一步转变养老保险基金管理理念，从过去被动管理变为主动管理，对基金管理重新定位，加强养老保险基金的监督管理，不断创新基金管理方式，引入商业化、专业化的理念，将基金管理职能外包给专业化程度高、效益好的资产管理公司，实现市场化运作，政府在其中担任政策制定者、管理监督者的责任，只有不断提高养老保险基金的管理水平，才能促进城乡基本养老保险制度的可持续发展。

2. 拓宽养老保险基金投资渠道

为了提高城乡基本养老保险制度的参保率，调动居民参保积极性，2015 年国务院颁布和实施了《基本养老保险基金投资管理办法》，该办法明确养老基金实行中央集中运营、市场化投资运作，由省级政府将各地可投资的养老基金归集到省级社会保障专户，统一委托给国务院授权的养老基金管理机构进行投资运营。因此，要不断完善资本市场，为基本养老保险基金的发展和投资运作创造有利的投资条件。尽快改变过去传统单一的养老保险基金投资方式，放宽基金的投资渠道，通过多种投资方式组合，分散投资的风险，增强基金的保值增值性，特别是应该扩大公司债券、股票等收益性较高的投资比例，在保证基金安全性的前提下，拓宽投资渠道，不断提高投资收益率。例如，经过国家的允许将基金投资于股票、国家基础设施项目建设、不动产投资和抵押贷款等，实现养老保险基金的最大增值，以满足广大居民日益增长的养老保险需求，并有效防止通货膨胀以及人口老龄化带来的基金支付压力。

五、提升养老保险经办机构服务水平

1. 增加基层经办机构工作人员的编制

伴随城乡基本养老保险制度全覆盖工作的推进，参保人数日趋增加，现有城

---

① 2016 年度人力资源和社会保障事业发展统计公报。

乡基层经办机构的工作人员编制远远满足不了社会养老保险事业发展的需求，人员编制的多少要以社区和农村居民的数量为依据，科学合理配置各区县的人力资源，同时要明确进人的具体标准，争取每年面向社会公开招录财会、计算机等专业技术人才，通过公开招考的方法，选拔综合素质较高、专业技能较强的人员，做到专人专岗，确保城乡基本养老保险工作的开展。

2. 提高工作人员的业务水平

为了大力推动城乡基本养老保险工作的顺利开展，必须要有一批懂政策、精业务和高素质的经办机构队伍。首先要加强对职工的政策培训。城乡居民社会养老保险政策性强，而经办机构工作人员直接面对文化水平较低的居民，为了提高各级经办机构工作人员掌握政策的能力，必须通过多种渠道和方式定期开展培训工作，使培训工作做到专业化、正常化和规范化。如通过组织集中培训、开展知识竞赛等多种方式，使各级经办机构工作人员对政策的解释做到标准化和正确化。其次要加强对职工计算机技术的培训。随着城乡基本养老保险应用软件的推广，各基层经办部门实现了办公自动化和网络化，城乡基本养老保险制度的业务实现了流程化和信息化，因此，要不断加强对经办机构工作人员的计算机技术培训，提高他们的业务操作水平，同时提高他们对养老保险相关数据指标的管理和分析能力，为养老保险事业的发展提供决策依据。

3. 建立全国统一的经办管理机构

尽快建立健全覆盖市、县（区）、乡（镇、街道）的城乡基本养老保险管理经办机构，健全覆盖乡镇（街道）、村（社区）的基层经办服务平台，成立专门科室，专门负责城乡基本养老保险的各项业务办理。建议区政府督促有关乡镇、街道办尽快落实固定的办公场所、档案室等，确保基本养老保险制度工作的规范化运行。

4. 建立全国统一的城乡养老保险信息平台

（1）加快研制城乡基本养老保险登记卡。党的十九大报告指出建立全国统一的社会保险公共服务平台。为了积极落实和做好全民参保登记计划，根据城乡基本养老保险制度的普遍性原则，为了体现"以人为本"的思想，国家应研制全国通用的社会保险卡，此卡作为参保居民缴费和领取养老金待遇的记录卡，城乡参保人只要办理了社会保险卡，以持有登记卡为准，便可在全国范围内的任何省（自治区、直辖市）缴费和领取养老金，不受地区之间的影响。养老保险经办机构负责录入个人的基本信息以及养老保险关系转移的详细情况，详细记录个人在养老保险制度以及特定统筹地区的缴费情况、账户金额等，以实现城乡基本养老保险制度的便携性和转移性。

（2）尽快创建全国统一的城乡基本养老保险信息网络技术服务系统。养老保险制度是一项社会政策，具有较强的社会性，为了提高制度的管理水平，城乡居民在办理了全国统一的社会保险信息登记卡后，个人有权自由地跨制度、跨地区转移养老保险关系，但个人须到转入地或转入制度负责处登记转移信息，经办机构记录其转移信息，并负责更新与共享新的记录信息，通过建立全国统一的信息资源数据库，各地均有权共享此数据，以提高管理水平。实现全民参保的关键是对参保人信息的全面采集和动态管理，这需要信息系统的大力支持。因此，要加快启动全民参保登记信息系统建设工作，尽快建立省级社保信息网络中心，逐步实现省市之间的联网与信息共享，为城乡居民提供快捷、准确和方便的养老保险服务，最终实现全国社会保险关系信息的互联互换。同时要有效保障市、县（区）、乡（镇、街道）三级业务经办点网络运行顺畅，实现省、市、县（区）、乡（镇、街道）四级联网，完成与省社保信息中心的联网，加快实现数据省级大集中的目标，为今后实现基本养老保险信息全国联网奠定坚实的基础。

5. 整合城乡养老保险的信息资源

要树立"大社保"的概念，贯彻国家的大数据和精细化管理的精神，整合社保、财政、教育、卫生、民政等涉及民生部门的服务信息资源，积极研发以社会保险、社会救助、教育培训、就业相结合的信息平台，建立全国统一的社会保险数据库。在此信息平台上记录社会成员的基础信息、工作信息、社保信息等，使得相关政府部门都能实现资源共享，真正做到"记录一生，服务一生"。整合后的信息资源一方面可为政府部门的决策提供数据支持，使得出台政策更具有科学性和合理性；另一方面为城乡居民提供高效便捷的全方位服务，城乡居民随时可以查询参保缴费、待遇享受人员及个人参保信息，同时设置参保死亡人员与公安、计生、民政统计上报的死亡人员信息比对核实功能，只有实现了信息资源共享，才能方便参保居民通过互联网查询和经办机构进行享受待遇人员生存认证。

6. 加强相关部门之间的协调配合

城乡基本养老保险是一项重要的民生工程，其制度运行涉及许多政府职能部门，因此要加强人力资源和社会保障部、民政部、中国残疾人联合会、国家卫生和计划生育委员会、公安部等部门之间的紧密配合。首先，公安部门在户籍管理工作中要与制度衔接对应，对居民户口变动情况进行及时核对和登记，认真仔细做好漏登户籍人员的补登工作、死亡销户工作，及时更正参保人户口年龄与实际年龄不符的情况，为养老保险档案的建立提供客观真实的居民户籍情况，确保城乡居民养老保险的参保、缴费、待遇审核发放工作的顺利开展。其次，银行要合理布局营业网点，提高便民服务。为了方便城乡居民养老保险及时缴费和领取，各银行要根据居民集中的街区和远近合理布置银行网点，尤其在偏远的山区，要想方设法加强银行的工作服务力度，增设服务窗口和配置自动取款机，为基层广大参保人员提供便捷服务，更好地满足农村居民缴费和领取养老待遇的需求。同时促使金融代理机构尽快改进代理办法，制定与试点政策相配套的代理制度，设立与城乡基本养老保险相匹配的电子信息管理系统，实现省、市、区、县经办机构与代理银行之间数据的双向传输和无缝对接。

六、明细和强化政府责任

政府是公共产品和公共服务的提供者，是基本养老保险的责任主体。政府在养老保险制度实施中担当着重要的制度供给、资金管理和监督管理的责任。今后要建立健全各级政府在养老保险制度中的执行、管理和监督机制。纵观国外养老保险制度，国家的政治制度和经济体制是完善基本养老保险的基础，政府作为养老保险的责任主体应该主要承担和履行以下责任。

1. 制度设计责任

结合我国地区和城乡差异的客观情况，政府遵循公平优先的原则，主动做好养老保险制度的顶层设计，根据国家经济发展水平、国民消费观念、物价水平、传统观念等因素健全我国多层次、多目标的三支柱养老保险体系，积极推进统账结合模式的养老保险制度和企业年金制度。

2. 财政兜底责任

养老保险基金来源主要由个人、政府、集体三部分组成，我国是一个人口大国，养老保险制度的发展仍坚持"全覆盖、保基本、可持续、多层次"的目标，强化政府在提供基本养老保险中的主体地位和主导作用，健全政府投入保障机制。目前我国实行的养老保险政府兜底制度，对一定时期内的养老保险基金收支进行精算平衡分析，必要时由国家财政兜底。对中西部贫困地区，国家财政给予大力支持，其他地区以地方财政补贴为主，这对于缩小东西部差距和城乡差距有重大意义。

3. 管理和监督责任

明确各级政府的管理和监督责任，是确保养老保险制度顺利运行的关键。首先，政府要转变传统的管理理念，增强服务意识，建立服务型政府，加强对经办人员社会管理的培训，从理论和技能方面提高经办人员的业务水平。其次，地方政府要积极做好配合工作，建立完善的管理机制，明确人力资源和社会保障部门的职能，做好养老保险基金的征收、发放等管理工作，积极拓宽基金投资运营渠道。最后，各级政府要建立健全完善的监督机制，健全养老保险制度上下级监督、媒体监督、内部监督和社会公众监督的多元监督渠道，对养老保险制度的违纪行为及时进行检举、控告，确保养老保险制度的有效运行。

七、增强养老保险管理体制的合理性和有效性

1. 养老保险统筹账户和个人账户分账管理

目前我国养老保险制度实行社会统筹账户和个人账户，其中社会统筹账户形成基础养老基金，强调政府责任，体现社会公平原则，属于公共养老金；个人账户为个人缴费积累基金，强调个人责任，体现效率原则，属于个人养老财产。未来我国养老金实现全国统筹必然要求社会统筹基金和个人账户基金的分离，在管理机构、管理方式和管理权限方面各司其职。其中，社会统筹账户基金由中央财政负责，征收养老保险税，负责当年养老保险费的发放和基金收不抵支后的缺口；个人账户基金由地方政府负责，征收个人养老保险费，由省级经办机构负责管理和运营，确保职工退休后个人账户养老金的支付。社会统筹账户基金和个人账户基金的分账管理，有利于避免两个账户基金的混合使用，强化社会统筹账户基金对养老保险待遇支付的财务约束，推动个人账户空账的做实，实现养老保险基金的保值和增值，提高养老保险制度抵御风险的能力。

2. 推行养老保险经办机构垂直管理模式

我国养老保险实现全国统筹后需要建立垂直的养老保险经办体制。首先，在统一经办机构职责的基础上，实现人事的垂直管理，各级养老保险经办机构对上级机构负责；其次，养老保险基金的征收、发放、投资等实行垂直管理。各级养老保险管理部门、财政部门、税务部门实行垂直一条线管理，中央养老保险经办机构负责制定全国养老保险基金的收支预算，建立中央财政养老保险基金专户，根据各级政府基本养老保险基金收支预算对养老保险基金进行分配，地方经办机构负责养老保险费征缴、记账和发放。

八、适时降低养老保险费率

养老保险是社会保险的重要组成部分，目前我国养老保险的缴费费率较高，这是人口老龄化、制度模式转化和转轨及基金粗放管理而导致的较高的费率。近年来，伴随我国经济发展减速，为了减轻企业和个人负担，促进经济发展，党的十八届三中全会《中共中央关于全面深化改革若干重大问题的决定》明确提出，要适时适当降低社会保险费率，2016年《人力资源社会保障部、财政部关于

阶段性降低社会保险费率的通知》提出从 2016 年 5 月 1 日起，企业职工基本养老保险单位缴费比例超过 20% 的省（自治区、直辖市），将单位缴费比例降至 20%；单位缴费比例为 20%，且 2015 年底企业职工基本养老保险基金累计结余可支付月数高于 9 个月的省（自治区、直辖市），可以阶段性将单位缴费比例降低至 19%，降低费率的期限暂按两年执行，该通知作为临时性的政策和阶段性做法，说明养老保险费率的调整与经济发展变化相协调，在 2020 年实施全民参保计划后，我国较高的养老保险费率会在以后降低，企业和个人缴费比例趋于公平和合理，降低费率不影响养老金待遇，政府在基础养老金方面发挥重要的职责。

第三节　推进实现我国统一养老保险制度的配套措施

一、加快户籍制度的改革

1. 建立城乡统一的新型户籍管理制度

加快改革现行户籍制度、创新户籍制度是推进城镇化的必然选择，也是实现劳动者合理有序流转的必要保证。为了促进劳动者的养老保险关系在不同地区之间有序转移和接续，参照国际惯例，建立全国统一的以身份证管理为主的一元户籍制度，这是实现统一养老保险制度的前提条件。按照党的十八大关于加快户籍制度改革的要求，应不断统筹考虑各地经济社会发展水平和城市综合承载能力，稳妥有序推进户籍制度改革，切实保障以农民工为主的流动人口的养老保障权益。积极探索推行一元化户口登记制度，逐步取消农业和非农业户口性质的划分，按照劳动者就业地进行户籍管理，用户口登记制取代户籍登记制。在户籍制度改革中采取因地制宜、区别对待的可行办法，优先解决农村学生升学和参军进入城镇的人口、在城镇就业居住 5 年以上、举家迁徙的农业转移人口、新生代农民工落户问题。

2. 加快市民化进程

党的十八大报告提出，加快改革户籍制度，有序推进农业转移人口市民化，强调户籍制度改革对推进城乡基本养老保险制度具有重要的现实意义。应先从小城市和小城镇开始推广，允许有稳定职业和住所的农民转为市民，与当地市民平等地享有公共福利待遇；超大城市和特大城市要以具有合法稳定就业和合法稳定住所（含租赁）、参加城镇社会保险年限、连续居住年限等为主要条件，实行差异化的落户政策，可借鉴上海市的做法，规定落户积分的标准，分期分批落户，循序渐进地推进农民向市民的身份转化，最终实现城乡养老保险服务均等化。

二、深化劳动就业制度的改革

1. 健全农村用工信息体制

在我国新型城镇化建设发展中，提高农民收入是当务之急。为了确保农村劳动力在区域和城乡之间的自由合理流动，进一步完善农村用工信息体制十分必要。第一，建立多方参与的用工沟通机制。针对农村劳动力居住分散和信息闭塞等实际情况，建立由政府、企业、劳务市场、村委组成的用工联系机制，逐步形成多渠道、广覆盖的劳务输出网络体系。第二，扩大用工的宣传力度。结合本村劳动力的特点，加强在省内外和境外的宣传力度，积极引导农村劳动力在全国范围的有序有效转移，实现劳动力在地区之间和城乡之间的合理配置。第三，建立农村用工信息库。指定专人负责用工信息的收集，将每个劳动者的相关信息和就业需求予以登记，实行动态化的信息管理，初步实现就业信息从局域网到全国联网，为农民工提供免费的就业信息服务。

2. 加强职业技能培训

建立城乡一体的职业技能培训制度，不断提高劳动者的就业能力和就业质量，加强对城镇灵活就业人员、失业以及困难人员的职业技能培训。首先，鼓励社会力量兴办培训机构，丰富培训资源，并与高校、科研机构等合作，依据市场需求以及个人需求科学确定培训时间、培训内容，确保城镇居民就业能力的提升。其次，强化职业资格鉴定工作，推进鉴定工作的信息化建设，鼓励城镇居民参加培训，获取职业资格证书，提高就业质量。再次，推行终身职业技能培训制度，加强劳动者职业培训工作的统筹管理，健全培训实名制动态管理制度，出台优惠政策并倡导企业培训劳动者的理念。最后，加强农村劳动力教育培训，提高农村劳动力就业技能和劳务输出档次。针对市场需求，培训切实可用的技能，增强农村居民的就业能力，提高农村居民的收入水平。

3. 大力促进城乡劳动者就业和创业

党的十九大报告提出，就业是最大的民生。要坚持就业优先战略和积极就业政策，实现更高质量和更充分就业。就业是民生之本，就业是实现劳动者养老保障的重要保证条件。在大众创业、万众创新战略的推动下，各地要把促进充分就业作为经济社会的优先发展目标，坚持分类施策，提高劳动参与率，稳定并扩大城镇就业规模。首先，政府针对城镇灵活就业人员就业难和就业不稳定的现状，通过创业政策宣传、创业榜样塑造等多种形式鼓励城镇居民创业，开办中小型企业，同时不断加强小额担保贷款工作的开展，进一步落实工商、税收、金融等政策优惠，为创业人员前期的资金投入以及公司的顺利运作提供便利。其次，强化政府的公共服务意识，健全劳动力流动服务体系，完善服务、培训、维权三位一体的农村劳动力转移就业工作机制。大力扶持农民工返乡创业，一方面有针对性地为农民工提供政策咨询、职业指导、职业介绍、创业培训等公共就业服务，促进农民工自主就业；另一方面为创业的农民工提供资金和技术支持，大力推进农村信息化建设，实现"互联网+现代农业"的发展目标，积极帮助他们实现创业梦，通过创业带动其他人就业，通过创业提高收入实现养老保障。

三、大力发挥补充养老保险的作用

1. 重视发挥家庭保障的作用

统一养老保险制度是国家为保障居民年老时基本生活的一项社会政策，基于我国人口众多和现有财力，面对人口老龄化和空巢化趋势发展的挑战，在实施统一养老保险制度的同时，家庭和个人在养老保障中具有不可替代的重要地位。因为老年人视家庭为感情和精神的重要支柱，家庭是老年人生活的主要场所，家庭可以使老年人有归属感和安全感，同时，家庭也是老年人物质保障、精神慰藉的主要来源。随着经济体制改革的发展，经济社会条件发生了重大变化，同时影响养老保障的因素也发生了变化，然而家庭养老的文化传统依然根深蒂固，我国国民长期形成的父慈子孝、长幼有序、尊老爱幼等传统家庭伦理观念，是我们弘扬的传统美德，目前的社区居家养老模式正是适应了我国的传统文化。我们应当继续传承优秀的道德文化，从伦理、道德、观念、心理、习俗、制度、法律等各个方面来建设社会主义新型敬老、养老文化，强化家庭支持，大力弘扬子女赡养、家庭养老的传统美德，促进家庭、社会的代际和谐；同时要加强舆论监督，对拒绝赡养或虐待父母的行为，追究法律责任。通过建立社会养老为基础，家庭养老、土地保障和社会救助为补充的多层次养老保障体系，针对目前财政压力较大与养老金不够用的现实矛盾，重视发挥家庭补充养老保障的作用。

2. 大力发挥商业保险的补充保障作用

目前我国已建立了覆盖全民的基本养老保险制度框架，根据国家规定，城乡居民依法参加基本养老保险后，为了提高城乡居民的养老保障水平，将会逐步推行和发展个人补充养老保险制度。国家要从政策方面鼓励城乡劳动者参加个人补充的储蓄养老保险项目。2017年7月4日颁发的《国务院办公厅关于加快发展商业养老保险的若干意见》，拓展了商业保险的内涵，明确了商业保险机构在养老保险第三支柱发展中的重要作用，允许商业养老保险机构依法合规发展具备长期养老功能、符合生命周期管理特点的个人养老保障管理业务，此项政策为商业保险机构大力发展补充养老保险业务带来了良机，到2020年，商业养老保险将成为个人和家庭商业养老保障计划的主要承担者、企业发起的商业养老保障计划的重要提供者、社会养老保障市场化运作的积极参与者、养老服务业健康发展的有力促进者、金融安全和经济增长的稳定支持者。按照大金融的概念，首先，银行要通过提高存款利率吸引居民增加养老储蓄，银行也可以设置专门的养老储蓄业务，减少其业务程序以及给予相应的政策优惠，鼓励居民自己储蓄养老。其次，发挥商业保险对基本养老保险拾遗补缺的作用。商业保险公司要开发适合城乡居民特征的养老保险项目，如开发多种老年人意外伤害保险、老年人长期护理保险、老年活动中心、托老所等，推出与实施康养结合和医养结合的综合养老保障计划、老年理财服务、康复、护理、医疗等各种服务保障项目，通过各种营销手段吸引广大城乡居民参加商业养老保险，以提高城乡居民未来的养老保障水平。最后，商业保险公司积极开发企业年金或职业年金的险种。企业年金或职业年金是我国基本养老保险的补充保障，商业保险公司要有创新理念，积极提供个性化的保险服务，根据不同企业类型设计适合企业需求的年金保单，企业通过建立补充保障制度，可提高企业的外部竞争力和内部凝聚力，通过商业保险提高企业职工的养老保障水平。

四、加大养老保险政策宣传力度

1. 政府要高度重视政策宣传工作

首先，各级政府在思想上要高度认识宣传的重要性。因为思想认识水平是影响宣传工作实施成效的关键因素之一。政府的相关部门如人社、财政、宣传、民政等必须充分认识到加大政策宣传力度的重要性和紧迫性，针对部分城乡居民对养老保险政策不了解的问题，积极主动开展城乡居民基本养老保险政策宣传，让城乡居民充分了解政策具体内容及政府补贴的政策。其次，财政要加大投入力度，建立考核激励机制。政府要加大对政策宣传的经费，并适当给基层城乡养老保险经办机构人员和社区工作人员提供资金奖励，为宣传工作长期开展提供充足的资金保障。同时政府应制定有效的奖惩机制，将政策宣传工作纳入年度目标责任制考核，通过定期通报，年终考核，并加大奖励力度，对宣传工作开展好的地区不仅在媒体上表彰其先进事迹和先进经验等，还要给予其一定的资金奖励，从而促进城乡基本养老保险政策宣传工作的长期有序开展，以提高城乡居民对养老保险政策的了解度。

2. 政策宣传形式要多样

针对目前城乡居民的居住分散、文化程度低、风俗习惯等特点，因地制宜，采取多种形式开展宣传工作。在宣传方式和方法上，结合信息时代的特点，采取多种形式和渠道提高政策宣传的效果。在宣传中要考虑城乡差别、不同年龄段人群的差异。例如，针对城乡青年群体，他们具有一定的文化水平，掌握了现代化的通信手段，尤其是城镇居民居住较为分散，在宣传形式上可采用宣传手册、手机短信、微信和电子邮件等介绍基本养老保险的具体政策规定与参保流程等，增强他们的养老保险意识，提高他们参保的积极性；在农村要采用现场和入户讲解新农保的具体政策，通过农村居民身边的实际例子宣传养老保险制度的好处，让农民自己谈参保后的感受，通过宣传让农村居民从被动参保变为主动参保。

3. 宣传人群和内容要有针对性

在养老保险宣传过程中，宣传对象应以城乡年轻居民为重点，结合他们的特点，如在政府网站上设置专栏或者采用现场座谈会等形式向居民深入细致地讲解多缴多得、缴费标准设定、养老金领取条件等政策内容，提高其对政策的了解度和参保意愿。要结合城乡居民普遍文化程度不高的特点，在开展宣传工作时一定要突出政策重点，特别是让城乡居民深入了解政府多缴多得、长缴多得的优惠政策，相关部门的工作人员应转变养老保险的理念，以提升居民保障水平为目标，探索制定灵活的缴费水平调整策略，鼓励居民提高缴费标准，并及时对愿意提高缴费水平的居民进行缴费调整登记，进而改善城乡居民养老保险缴费水平偏低的现状。

4. 政策宣传要深入社区

社区是基本养老保险实施的重要载体。目前居住在社区的城镇居民比较分散，难以集中和管理，因此，要充分发挥社区的服务功能，调动社区工作人员的管理积极性，从街道办、社区抽调专门人员，采取分片包干和周末不休息的方式，通过设立咨询台、入户宣讲等形式，定期向广大居民大力宣传基本养老保险政策的内容，不仅要介绍城乡居民社会养老保险政策的享受条件、资格、审核审批程序等，还要宣传国家对养老保险政策的补贴标准，让居民深入了解政策内容，从被动参保变为主动参保，最终实现人人参保、人人共享的目标。

五、发展经济提高城乡居民的缴费水平

1. 大力发展农业经济，提高农村居民收入

首先，促进农业产业化发展。政府应加强对农业结构调整的资金支持和政策

优惠，继续鼓励农民发展种植业和养殖业，实现农业向第二、第三产业的有效转移，发展农村乡镇企业，进一步探索农民增收的各种途径，通过不断增加农村居民的收入，提高其缴费能力。其次，大力发展休闲农业。休闲农业是现代农业的新型产业形态，它是增加农村居民收入的重要措施之一。在十二五时期，我国休闲农业取得了长足发展，已成为经济社会发展的新亮点。在十三五发展时期，休闲农业仍处于黄金时代。因此，全国各地要积极贯彻落实中央1号文件精神，针对目前休闲农业发展中存在的不足，要进一步提高农村居民的思想认识，加快改善休闲农业的基础设施，深入挖掘文化内涵，提升服务质量，通过发展休闲农业，提高农村居民的收入和缴费水平。

2. 大力发展第三产业，提高劳动者的收入水平

在现代社会中，第三产业逐渐成为经济发展的主导产业，它对吸纳就业具有较大的潜力。在我国的一带一路倡议中，第三产业面临新的发展机遇。第三产业的主体是服务业，除了传统的金融、餐饮等的发展，未来文化产业具有较大的发展潜力和竞争力。目前城镇居民有一部分是灵活就业人员，他们既可以参加企业职工基本养老保险，也可以参加城镇居民社会养老保险，政府应进一步统筹规划城镇化建设，制定具体可行的操作方案，重点发展餐饮、旅游、文化等服务行业，创造更多的就业岗位，吸纳更多的城镇居民就业，通过提高劳动者的收入水平逐步实现其较高的缴费水平。

六、加快推进我国税收制度改革的步伐

1. 加快创新税收制度，降低宏观税负

我国现行税制采用以增值税、营业税为主的间接税模式，在税务实践过程中事实上加重了中低收入者的负担，使消费大众成了我国税收的主要贡献者。因此，有必要进行税制创新，通过大力推进"营改增"、优化流转税结构等举措有效降低宏观税负。

2. 构建附加福利课税制度

借鉴国外税收立法的经验，坚持税收公平原则，构建附加福利课税制度，该制度是将员工的福利待遇归为个人所得税的一部分，并入个人所得税中进行征收，纳税人界定为员工个人，而福利只是员工收入的一部分，附加福利可采用与个人所得税中工资薪金所得相同的超额累进税率，为附加福利设计较宽的级距，可以将收入高的员工和收入低的员工划分开，收入高者适用较高的税率，

税收负担较重，低收入者适用较低的税率，税收负担较轻，更好地体现税收公平原则。

3. 完善个人所得税

按照我国目前的经济发展水平，采取分类和综合相结合的征税制度，以分类为主，进而过渡到综合计征的个人所得税制度比较符合我国的现实状况。在征税时，综合考虑家庭收入和支出状况，真正体现量能负担的原则，更好地解决目前存在的收入差距问题。伴随个人收入的不断增加，现行对工资薪金的起征点3500元仍然偏低，因为税负承担最重的是中等收入者和一、二线城市的工薪阶层，不仅加重了个人负担，还影响居民的消费支出，所以应尽快上调个税起征点，使个税收入增长与经济增长相对称。

4. 提高直接税比重

借鉴西方国家成功经验，逐步提高直接税比重，促进社会公平，即优化税制结构，建立新型个税机制。为有效扭转"劫贫济富"局面，应建立综合与分类相结合的个税制。以家庭为单位征收个税，同时把免征额设定为涵盖整个家庭基本生活支出的合理范围。对基本生活成本或家庭开支，如教育支出、赡养费、房贷月供、医疗费用等个人支付应免征税收。此外，为最大限度地减轻低端收入群体的税务负担，应增设零税率档。

七、深化我国收入分配制度的改革

收入分配制度改革是我国经济体制改革的重要环节，是经济发展和社会进步的重要体现，也是社会主义和谐社会建设的重要保障。《中共中央关于制定国民经济和社会发展第十三个五年规划的建议》中明确指出，要积极调整国民收入分配格局，在规范初次分配的基础上，加大收入再分配力度，推进居民收入增长与经济增长同步，劳动报酬提高与劳动生产率提高同步，切实增加低收入者劳动收入，扩大中等收入者比重，逐步缩小收入差距。党的十九大报告提出，坚持按劳分配原则，完善按要素分配的体制机制，促进收入分配更合理、更有序。鼓励勤劳守法致富，扩大中等收入群体，增加低收入者收入，调节过高收入，取缔非法收入。坚持在经济增长的同时实现居民收入同步增长、在劳动生产率提高的同时实现劳动报酬同步提高。拓宽居民劳动收入和财产性收入渠道，履行好政府再分配调节职能，加快推进基本公共服务均等化，缩小收入分配差距。

1. 加强收入分配法制建设，完善个人收入分配制度

针对我国目前收入分配中存在着分配秩序不规范、隐形收入和非法收入突

出的问题，应进一步健全收入分配法律法规，深化收入分配制度改革，以经济建设为中心，大力发展生产力，落实分配制度，增加低收入者的收入，调节过高收入。首先，完善初次分配制度。健全初次分配制度是转变经济发展方式的重要切入点，继续坚持按劳分配为主体、多种分配方式并存的分配制度，从政策上完善生产要素参与分配的机理机制，提高劳动报酬在国民生产总值中的比重，即提高劳动分配率，特别是要逐步提高企业职工的最低工资标准，健全工资增长的一系列机制。其次，进一步完善社会保障制度，缩小地区之间、城乡之间的收入差距，增加居民的转移性收入和财产性收入，实现政府收入、企业收入、劳动者收入的合理均衡增长。提高居民收入有利于扩大内需，提高人民生活水平和质量，保证生产要素在市场中自由流动，创造平等竞争的就业环境，激发人民群众投资创业热情。

2. 完善工资正常增长机制

推进工资制度改革，缩小社会成员的收入差距，形成中低收入职工的工资合理增长机制，使劳动报酬增长和劳动生产率提高相同步，提高各类人员的最低工资标准，扭转劳动者报酬偏低、初次分配比重失衡的格局，提高劳动报酬在初次分配中的比重，保护全体职工劳动所得。例如，健全工资水平的决定机制，使工资水平与生产力发展相适应；建立工资的正常增长机制，工资增幅与劳动生产率提高科学挂钩；完善支付保障机制，防止对农民工等群体的工资支付出现无故拖延、克扣、毁约等损害行为；完善最低工资增长机制，保障处于弱势地位的劳动者权利。与此同时，应引导和督促企业在发展生产、提高效益的基础上适时适度地增加职工工资。

3. 规范对垄断行业职工的薪酬水平

认真贯彻落实《中华人民共和国反垄断法》，依法限制、减少垄断高额利润，控制垄断行业过高收入。在垄断行业内部进行职工工资总额与工资水平的双效调控，既要保持工资的合理增长，又要限制工资以外不合理的福利待遇；深化国企高管薪酬制度改革，建立高管年薪与企业经营业绩相挂钩机制，限制过高收入，将其年薪控制在合理区间。

4. 深化再分配体制改革

再分配要充分发挥政府的调节功能，实现收入分配的相对公平，限制社会各类人员之间收入差距的过分悬殊，通过税收、财政转移支付等政策措施，使高收入者个人、阶层、行业或机构收入的一部分再转化为社会的收入，并使低收入阶层成为收入再分配的主要获益者。政府在维护分配公平过程中发挥着重要作用，一方面通过制定和维护必要、合理的制度与规则，保护合法的产权、公民权利和公平竞争的市场环境；另一方面在初次分配环节，通过税收、政策等再分配手段抑制、缓解收入分配悬殊，努力发展和实现基本公共产品、公共服务的均等化，即维护分配公正，兼顾效率公平，高端调低，低端兜底。

参 考 文 献

白维军，2010. 巴西农村公共养老金计划及对我国新农保的借鉴意义[J]. 科学社会主义，(4)：147.

柏坎南，郭家麟，1961. 实证经济学、福利经济学和政治经济学[J]. 国外社会科学文摘，(4)：12.

包叠，2014. 基本养老保险城乡一体化路径研究[D]. 南昌：江西财经大学.

庇古，2007. 福利经济学[M]. 金镝，译. 北京：华夏出版社：19.

边沁，1995. 政府片论[M]. 沈叔平，译. 北京：商务印书馆：78.

曹建民，龙章月，牛剑平，2012. 中国农村社会保障制度研究——以西北贫困地区为例[M]. 北京：人民出版社.

陈际华，黄健元，2014. 江苏省城乡居民社会养老保险制度整合研究[J]. 现代管理科学，(1)：90-92.

陈雷，江海霞，张秀贤，2011. 城乡统筹下新农保与相关养老保障制度整合衔接战略研究[J]. 管理前沿，(6)：3-5.

陈倩，2016. 英国养老保险市场化改革的经验于启示[J]. 财经科学，(7)：31-35.

陈天昊，2013. 法国养老保险制度改革对中国的启示[J]. 上海政法学院学报，(28) 2：59-67.

陈雯，2009. 我国养老保险制度城乡整合的对策研究——以常熟市为例[D]. 上海：上海交通大学.

陈曦，2015. 城乡基础养老保险一元化缴费率研究[D]. 沈阳：辽宁大学.

程杰，2016. 共享的养老保障体系：主要矛盾与改革方向[J]. 人文杂志，(11)：20-30.

戴卫东，2009a. 统筹城乡基本养老保险制度的步骤规划[J]. 经济研究参考，(6)：20.

戴卫东，2009b. 统筹城乡基本养老保险制度的十个关键问题[J]. 现代经济探讨，(7)：20-25.

邓小平，1993. 邓小平文选（第3卷）[M]. 北京：人民出版社.

董克用，2000. 社会保障概论[M]. 北京：人民大学出版社：1-4.

龚秀全，2011. 城乡基本养老保险待遇衔接政策优化研究——以大津市城乡居民基本养老保险为例[J]. 人口与经济，(6)：94-99.

郭艳辉，2013. 我国城乡基本养老保险制度的衔接类型分析[J]. 金融市场，12（444）：108-111.

何文炯，徐林荣，等，2009. 中国农村老年津贴精算分析[J]. 广西经济管理干部学院学报，(4)：30-35.

胡宏伟，蔡霞，石静，2009. 农村社会养老保险有效需求研究——基于农民参保意愿和缴费承受能力的综合考察[J]. 经济经纬，(6)：59-63.

胡锦涛，2005. 在省部级主要领导干部提高构建社会主义和谐社会能力专题研讨班上的讲话[M]. 北京：人民出版社.

胡锦涛，2007. 高举中国特色社会主义伟大旗帜，为夺取全面建设小康社会新胜利而奋斗[N]. 人民日报，2007-10-16.

黄宏伟，展进涛，2012. 收入水平、成员结构与农户新农保参加行为——基于全国30省4748户农户数据的实证分析[J]. 中国农村经济，(12)：62-70.

霍尔茨曼 R，欣资 R，等，2006. 21 世纪的老年人收入保障——养老金制度改革国际比较[M]. 郑
　　秉文，等译. 北京：中国劳动社会保障出版社：46.

江泽民，2006. 江泽民文选（第 1 卷）[M]. 北京：人民出版社.

江泽民，2006. 全面建设小康社会，开创中国特色社会主义事业新局面[M]. 江泽民文选（第 3
　　卷）. 北京：人民出版社.

金艳，2013. 上海养老保险城乡一体化制约因素及突破路径研究[D]. 上海：上海工程技术大学.

李春根，包叠，2013. 新形势下基本养老保险城乡一体化路径初探[J]. 社会保障研究，（3）：29-35.

李洪娟，刘亚平，2012. 基于公平视角的新农保制度现状分析及展望[J]. 山东工商学院学报，
　　（6）：111-114.

李丽，2011. 论"新农保"在试点中的突出问题及政策建议[J]. 法制与社会，（4）：217-218.

李琼，朱群惠，2012. 落后地区农民参加新型农村养老保险制度的影响因素分析——来自湘西
　　自治州龙台镇 1280 户农民的调查[J]. 知识经济，（18）：101-102.

李小彤，2014. 城乡居民实现公平养老[J]. 人力资源和社会保障，（3）：8-9.

李亚军，2017. 英国养老金金融化改革的经验和启示[J]. 社会保障研究，（1）：84-94.

李颖华，2014. 我国城乡居民社会养老保险制度公平性研究[D]. 郑州：河南大学.

李园园，张刚，2010. 影响新型农村养老保险保障水平因素研究——基于对安徽等 12 省市的调
　　查分析[J]. 中国外资，（22）：11.

李珍，2012. 新农保不是最优制度安排[J]. 财经，（12）：3.

刘苓玲，2008. 中国社会保障制度城乡衔接理论与政策研究[M]. 北京：经济科学出版社：
　　106-149.

刘倩，2010. 城乡养老保险统筹发展的路径研究[D]. 上海：上海工程技术大学.

刘涛，2014. 德国养老保险制度的改革：重构福利国家的边界[J]. 公共行政评论，（6）：7-27.

刘同昌，2008. 人口老龄化背景下建立城乡一体的养老保险制度的探索[J]. 山东社会科学，（1）：
　　35-28.

林闽钢，2014. 中国社会保障制度优化路径的选择[J]. 中国行政管理：11-15.

刘玉娟，2009. 广西新型农村养老保险制度建设探析[J]. 陕西农业科学，（6）：157-160.

罗宾斯 L，2000. 经济科学的性质和意义[M]. 朱泱，译. 北京：商务印书馆.

罗尔斯 J，1988. 正义论[M]. 何怀宏，廖申白，译. 北京：中国社会科学出版社：1-88.

诺齐克 R，2008. 无政府、国家与乌托邦[M]. 姚大志，译. 北京：中国社会科学出版社：1-5.

罗默 J，2017. 分配正义论[M]. 张晋华，吴萍，译. 北京：社会科学文献出版社：3.

骆勇，2011. 发展型社会政策视角下的城乡社保一体化问题研究——以苏州市为例[D]. 上海：
　　复旦大学.

马克思，恩格斯，1958. 马克思恩格斯全集（第 5 卷）[M]. 北京：人民出版社.

马克思，恩格斯，1972. 马克思恩格斯全集（第 4 卷）[M]. 北京：人民出版社.

马克思，恩格斯，1975. 马克思恩格斯选集（第 2 卷）[M]. 北京：人民出版社.

马克思，恩格斯，1995. 马克思恩格斯选集（第 1 卷）[M]. 北京：人民出版社.

马克思，恩格斯，1995. 马克思恩格斯全集（第 3 卷）[M]. 北京：人民出版社.

马克思，恩格斯，1972. 马克思恩格斯全集（第 4 卷）[M]. 北京：人民出版社.

毛泽东，1968. 毛泽东选集[M]. 北京：人民出版社.

毛泽东，1968. 毛泽东选集（合订本）[M]. 北京：人民出版社.

毛泽东，1977. 毛泽东选集（第 5 卷）[M]. 北京：人民出版社.

孟欣，2012. 企业职工基本养老保险制度待遇的公平性研究[D]. 青岛：山东财经大学.

米波，2014. 社会养老保险对中国城镇居民消费的影响研究[D]. 太原：山西财经大学.

米红，方锐帆，朱晓晓，2007. 养老保险基金投资组合的国际比较与实证分析[J]. 统计与决策，24（252）：119-120.

牛桂敏，2010. 建立城乡统筹养老保险制度的分析与思考[J]. 天津大学学报（社会科学版），（1）：36-39.

诺思 D，2008. 制度、制度变迁与经济绩效[M]. 杭行，译. 上海：格致出版社，上海人民出版社.

潘锦棠，2012. 社会保障通论[M]. 济南：山东人民出版社：103.

彭建刚，屠海波，何婧，等，2009. 有序多分类 logistic 模型在违约概率测算中的应用[J]. 财经理论与实践，（7）：2-7.

齐绍琼，2015. 完善城乡基本养老保险制度激励机制的研究[J]. 财务与金融，（5）：53-56.

曲士彬，2011. 城乡基本养老保险制度的衔接研究[D]. 保定：河北大学.

萨缪尔森，诺德豪斯，2013. 经济学[M]. 萧琛，译. 北京：商务印书馆：1.

邵红玲，崔玉铢，崔海霞，2011. 新型农村养老保险推进过程中面临的问题及对策——仅以河北省为例[J]. 劳动保障世界，（1）：51-52.

孙文凯，2017. 中国的户籍制度现状、改革阻力与对策[J]. 劳动经济研究，2017（4）：5-53.

孙永勇，2012. 改革养老保险制度化解地方差异难题[N]. 中国证券报，2012-02-17.

汤兆云，张赛群，2014. 德国、美国、韩国和中国台湾老年年金制度的改革及其启示[J]. 国外社会科学，（4）：15-22.

田北海，丁镇，2011. 农民参与新型农村社会养老保险的意愿研究[J]. 甘肃行政学院学报，（3）：50-59.

田栋，2011. 新型农村社会养老保险参保档次分布的影响因素分析及对策建议——基于河南省某试点县的调查[J]. 郑州大学，（3）：32-34.

童广印，薛兴利，2009. 统筹城乡社会养老保险实施路径与战略布置[J]. 特区经济，（1）：220-222.

童志辉，2014. 城乡居民社会养老保险制度一体化路径研究——以广州市为例[D]. 长沙：湖南农业大学.

王保进，2007. 多变量分析[M]. 北京：北京大学出版社：284.

王海清，2015. 城乡居民养老保险制度公平性研究[D]. 西安：西北大学.

王晓东，2013. 中国养老保险制度城乡统筹的战略和路径[D]. 南京：南京大学.

王晓东，雷晓康，2015. 城乡统筹养老保险制度顶层设计：目标、结构与实现路径[J]. 西北大学学报（哲学社会科学版），（9）：150-156.

王颖超，2009. 城市居民养老观念的代际比较研究——以内蒙古 A 市为例[D]. 黑龙江省社科院.

王智广，2013. 我国基本养老保险制度的影响因素研究——基于面板数据模型[J]. 现代营销，（3）：107-108.

韦樟清，2012. 社会养老保险制度整合模式研究——基于养老保险关系转移接续视角[J]. 福建农林大学学报（哲学社会科学版），15（3）：68-72.

温海红，师山霞，李瑶，2014. 城乡居民社会养老保险缴费水平及其影响因素——基于陕西省三市的调查[J]. 西安交通大学学报（社会科学版），（1）：77-83.

吴海燕，2013. 新型农村养老保险制度实施中农民参保意愿影响因素研究[D]. 合肥：安徽大学.

武建新，2009. 我国实行城乡一体化养老保险制度的可行性分析[J]. 消费导刊，（9）：134-135.

希克斯，1987. 经济史理论[M]. 厉以平，译. 北京：商务印书馆.

习近平，2014. 切实把思想统一到党的十八届三中全会精神上来[J]. 求是，（1）：1-3.

习近平，2014. 习近平总书记系列重要讲话读本[M]. 北京：人民出版社.

席恒，2017. 养老金机制：基本理论与中国选择[J]. 社会保障评论，（1）：83-93.

许海燕，2010. 推进城乡社会养老保险统筹的基本思路[J]. 农业经济，（12）：65.

薛惠元，2010. 新型农村社会养老保险制度推进中的难点分析：兼析个人、集体和政府的筹资
　　能力[J]. 社会保险研究，（4）：68.

薛惠元，张微娜，2014. 建立城乡统一的社会养老保险制度——基本理念、基本路径与制度模
　　式. 税务与经济，3（194）：1-8.

杨斌，丁建定，2014. 从城乡分立到城乡统筹：中国养老保险制度结构体系发展研究[J]. 社会
　　保障研究，（1）：20-25.

杨斌，和俊民，陈婕，2015. 美国养老保险制度政府财政责任：特征、成因及启示[J]. 郑州大
　　学学报（哲学社会科学版），（9）：90-93.

杨翠迎，2007. 农村基本养老保险制度理论与政策研究[M]. 杭州：浙江大学出版社.

杨俊，2015. 职工基本养老保险制度财务影响因素研究——以全国统筹背景下的社会统筹制度
　　为对象[J]. 中国人民大学学报，2015（3）：12-18.

以人为本，保障和改善民生[N]. 人民日报，2012-10-31.

尹文清，2015. 老龄化背景下日本养老制度改革与启示[J]. 东岳论丛，36（5）：169-171.

于莹，2014. 城镇职工养老保险中的公平性分析[D]. 沈阳：沈阳师范大学.

张朝华，丁士军，2010. “新农保”推广中存在的主要问题[J]. 经济纵横，（5）：9-12.

张晨寒，高迪，2011. 中年农民参加新型农村社会养老保险意愿的调查分析——以河南省辉县
　　为例[J]. 南方农村，（5）：23-26.

张发年，2016. 我国养老保险制度公平性研究[D]. 哈尔滨：哈尔滨师范大学.

张慧智，金香丹，2017. 韩国多制度养老保障体系改革及启示[J]. 人口学刊，2：68-77.

张建伟，2010. 中国农村社会养老保险制度：转型与发展[J]. 中央财经大学学报，（5）：34-37.

张娜，2015. 城乡居民养老保险参保行为影响因素实证研究——以河南省虞城县为例[J]. 佳木
　　斯大学社会科学学报，（3）：61-63.

赵文，2015. 城乡统一的居民养老保险制度改革回顾：文献综述[J]. 劳动经济研究，3（2）：
　　124-133.

郑秉文，2015. 机关事业单位养老金并轨改革：从“碎片化”到“大一统”[J]. 中国人口科学，（1）：
　　2-14.

郑秉文，齐传君，2009. 社保制度走到十字路口：“大一统”还是“碎片化”[N]. 中国证券报，
　　2009-01-22.

郑功成，2007. 社会保障[M]. 北京：高等教育出版社：132-146.

郑功成，2008. 中国社会保障改革与发展战略[M]. 北京：人民出版社.

中国共产党第十七次全国代表大会文件汇编，2007. 北京：人民出版社.

钟邦，2008. 论边沁的功利主义主权[D]. 重庆：西南政法大学.

周立洲，2014. 英国养老保险体系市场化改革及其对中国的启示[D]. 天津：天津财经大学.

Bach S，Wiegard W，2002. Public Economics[M]. Berlin：Springer：37-94.

Barrientos A, Lioyd-Sherlock P, 2002. Non-contributory Pensions and Social Protection[R/OL]. Geneva: ILO.

Donzelot I J. 1984. L' Invention du Social, Essai Sur Le Decline Despassions Politiques[M]. Paris: Fayard.

Donzelot J, 1985. Linvention Du Social, Essai Sur Le Declin Des Passions Politiques[J]. Vingtième Siècle Revue D Historie, (5): 198-199.

Edmonds E, Mammen K, Miller D, 2005. Rearranging the Family? Household Composition Responses to Large Pension Receipts[J]. The Journal of Human Resources, (40): 186-207.

Feldstein M, 1974. Social Security: Induced Retirement and Aggregate Capital Accumulation[J]. Journal of Political Economy, 82 (5): 523-547.

Feldstein M, 1974. Social Security, Induced Retirement and Aggreggate Capital Accumulation[J]. Journal of Political Economy, (82): 905-926.

Ferreira do A J, 2007. Sustainability of Social Security: The Economic and Financial Challenge Conference[J]. The paths of Sustainability and the Reform of Pensions Systems, (11): 86-90.

Guan X P, Zheng F B, 2006. Pension Reforms in New EU Memder States and "Open Method of Coordination" [J]. Chinese Journal of European Studies, (1): 200-209.

Guardiancich I, 2010. Current Pension System: First Assessment of Reform Outcomes and Output. European Social Observatory. http: //www.ose.be.

Hurd M D, Shoven J B, 1985. The Distributional Impact of Social Security[M]. Chicago: The University of Chicago Press.

John B. 2000. Willamson, Social Security Privation: Lessons From The United Kingdom, CRR WP 2000-10, November 2000, http: //www.bc.edu/crr.

Kaszs J G, 2002. The Illusion of Weifare Regime[J]. Journal of Social Policy, 31 (2): 271-287.

Kolmar M, 2007. Beveridge Versus Bismarck Public-pension Systems in Integrated Markets[J]. Regional Science and Urban Economics, 37 (6): 649-699.

Mvint H, 1979. Collective Choice and Social Welfare by Amartva Sen[J]. Holden Day: 201-218.

Nelissen J H M, 1995. Lifetime Income Redistribution by The Old-age State Pension in The Netherlands[J]. Journal of Public Economics, 58 (3): 429-451.

Nelissen J, 1987. The Redisuibutive Impact of the Generai Old Age Pension Act on Lifetime Income in Netherlands[J]. European Economic Reviews, (31): 127-129.

Palacios R J, Sluchynsky O, 2010. Social Pensions Part Ⅰ: Their Role in the Overall Pension System[J]. Gneral Information.

Rofman R, Lucchetti L, 2006. Pension Systems in Latin America: Concepts and Measurements of Coverage[J]. World Bank Social Protect Discussion Paper, 6 (16): 13.

Rose S R. 2009. William Cartwright. Sicial Security and Privatization: A Viable Combination? [J]. Journal of Comparative Social Welfare, 25 (1): 17-25.

Shen C, John B, 2010. Williamson China's New Rural Pension Scheme: Can It be Improved[J]. International Journal of Social Policy, 30 (5): 239-250.

Shihjiunn S, 2008. Emergence of the Notion of Retirement in Rural China. The Case of Rural Districts of Shanghai[J]. Zeitschrift Für Gerontoloie Und Geriatrie, 41 (5): 44-334.

Shuang L L，2008. Forced Savings，Social Safety Net，and Famialy Support：Anew Old-Age Security System for Chian[J]. The Chinese Economy，41（6）：10-33.

Valdé S S，2005. Securitization of Taxes Implicit in PAYG Pensions[J]. Economic Policy，20（42）：215-265.

Verbic M，Majcen B，Nieuwkoop V R，2006. Sustainability of the Slovenian Pension System——An Analysis with an Overlapping-generations General Equilibrium Model[J]. Eastern European Economics，44（4）：60-81.

World Bank，1994. Averting the Old-Age Crisis：Policies to Protect the Old and Promote Growth[M]. New York：Oxford University Press：21.

Zajicek A M，Calasanti T M，Zajicek E K，2007. Pension Reforms and Old People in Poland：An Age，Class and Gender Lens[J]. Journal of Aging Studies，（21）：55-68.

附　　录

统一养老保险制度的意愿度调查问卷
（企业职工问卷）

您好！

为了推进养老保险制度的统一，特开展本次调查，了解城镇企业职工基本养老保险制度的实施情况。本调查采用匿名的形式，我们将按照《中华人民共和国统计法》对所有资料严格保密，请您务必根据自己的实际情况认真填写。真诚感谢您的支持与配合！

填写说明：请在符合您自己实际情况的选项前面打钩"√"，在横线上填写具体数字或您认可的其他内容。选择题如果没有说明，则为单选题。

西安交通大学公共政策与管理学院课题组

调查时间　　　　　　　调查员_____

调查地点：_____市_____区（县）_____乡（镇）_____村（街道）

一、个人基本信息

1. 性别：（1）男　　（2）女

2. 年龄：

3. 文化程度：

（1）初中及以下　（2）高中　（中专）

（3）大专　（4）本科及以上

4. 您在本单位工作的时间：

（1）1 年以下　（2）1～9 年　（3）10～19 年

（4）20 年～29 年　（5）30 及以上

5. 您的身份是

（1）国有或集体企业职工　（2）个体或私营企业职工

（3）灵活就业人员　（4）下岗职工　（5）退休人员

6. 您参加企业职工基本养老保险有多长时间？

（1）1～5 年　（2）6～10 年　（3）11～15 年

（4）16～20 年　（5）21～25 年

7. 您领取养老金（退休金）有多长时间？

（1）1～5 年　　（2）6～10 年　　（3）11～15 年

（4）16～20 年　　（5）21～25 年

8. 您是否购买了商业养老保险？

（1）是　　（2）否

9. 您是否了解城镇企业职工基本养老保险？具体都了解到了什么？

二、企业职工基本养老保险政策满意度的调查

1. 您对企业职工基本养老保险的总体满意程度为

（1）十分不满意　　（2）不太满意　　（3）一般

（4）比较满意　　（5）非常满意

2. 您对办理养老保险关系省内转移业务的满意程度是

（1）十分不满意　　（2）不太满意　　（3）一般

（4）比较满意　　（5）非常满意

3. 您对办理养老保险关系省际转移业务的满意程度是

（1）十分不满意　　（2）不太满意　　（3）一般

（4）比较满意　　（5）非常满意

4. 您是否满意自己对于缴费数额的了解程度？

（1）十分不满意　　（2）不太满意　　（3）一般

（4）比较满意　　（5）非常满意

5. 您对政策性调整待遇的满意程度是

（1）十分不满意　　（2）不太满意　　（3）一般

（4）比较满意　　（5）非常满意

6. 与事业单位养老保险待遇相比较，您对企业职工基本养老保险的满意程度是

（1）十分不满意　　（2）不太满意　　（3）一般

（4）比较满意　　（5）非常满意

7. 您认为养老金对基本生活需要的满足程度是

（1）很差　　（2）较差　　（3）一般　　（4）较好　　（5）很好

8. 您对于目前养老保险待遇的满意程度为

（1）十分不满意　　（2）不太满意　　（3）一般

（4）比较满意　　（5）非常满意

9. 您对养老保险缴费数额的满意程度为

（1）十分不满意　　（2）不太满意　　（3）一般

（4）比较满意　　（5）非常满意

10. 您认为企业职工基本养老保险对于预期的满足程度为

（1）十分低　　（2）较低　　（3）一般　　（4）较高　　（5）十分高

11. 您是否愿意参加统一的基本养老保险制度：

（1）愿意　　（2）不愿意

统一养老保险制度的意愿度调查问卷
（城乡居民问卷）

您好！

为了推进城乡基本养老保险制度的统一，特开展本次调查，了解城乡居民基本养老保险制度试点的情况。本调查采用匿名的形式，我们将按照《中华人民共和国统计法》对所有资料严格保密，请您务必根据自己的实际情况认真填写。真诚感谢您的支持与配合！

填写说明：请在符合您自己实际情况的选项前面打钩"√"，在横线上填写具体数字或您认可的其他内容。选择题如果没有说明，则为单选题。

西安交通大学公共政策与管理学院课题组

调查时间　　　　　　　　调查员＿＿＿＿＿＿＿＿

调查地点：＿＿＿＿市＿＿＿＿区（县）＿＿＿＿乡（镇）＿＿＿＿村（街道）

1　个人基本情况

1.1 您的性别：（1）男　　（2）女

1.2 您的年龄：

（1）18～28 岁　　（2）29～39 岁　　（3）40～50 岁

（4）51～59 岁　　（5）60 岁及以上

1.3 您的文化程度：

（1）小学及以下　　（2）初中　　（3）高中（中专）　　（4）大专及以上

1.4 您的婚姻状况是

（1）已婚　　（2）未婚　　（3）离异　　（4）丧偶

1.5 您的家庭有＿＿＿＿人，其中抚养人口有＿＿＿＿个，赡养人口有＿＿＿＿个，家庭劳动人口有＿＿＿＿个。

1.6 您现在与谁生活在一起？

（1）独居　　（2）配偶　　（3）子女

（4）配偶和子女　　（5）父母　　（6）其他

1.7 您的身体健康状况是

（1）非常不健康　（2）不太健康　（3）一般

（4）比较健康　（5）非常健康

1.8 您是否享受社会救助？

（1）是（请选出类型：①低保　②五保户　③特困户生活救助　④其他）

（2）否

1.9 目前您家庭平均年收入在当地属于何种水平：

（1）很低　（2）较低　（3）一般　（4）较高　（5）很高

1.10 您现在的收入来源主要是

（1）离退休金　（2）务农收入　（3）子女供养　（4）社会救助

（5）亲友资助　（6）外出打工　（7）以前的存款　（8）其他

1.11 您家庭平均每月生活支出在当地属于何种水平：

（1）很低　（2）较低　（3）一般　（4）较高　（5）很高

2 参加城乡居民基本养老保险制度现状

2.1 您是否自愿参加城乡统一的基本养老保险制度？

（1）是（跳至2.3）　（2）否

2.2 您不愿意参加基本养老保险制度的原因是（可多选）：

（1）缴费率过高　（2）缴费年限过长　（3）待遇太低　（4）对政府不信任

（5）对政策不了解　（6）"捆绑式"参保规定　（7）其他

2.3 您现在的缴费档次是

（1）100 元　（2）200 元　（3）300 元　（4）400 元　（5）500 元

（6）600 元　（7）700 元　（8）800 元　（9）900 元　（10）1000 元

（11）1500 元　（12）2000 元

2.4 您是否改变过缴费档次？

（1）调高过　（2）没变过　（3）调低过

2.5 您在领取养老金时遇到的情况是

（1）每次都按时足额领到　（2）有不足额的

（3）有不按时的　（4）没有一次按时足额领到

2.6 您是通过何种方式了解养老保险政策的？（可多选）

（1）电视网络媒体　（2）政府宣传

（3）亲戚朋友介绍　（4）其他

2.7 您所在社区（村、乡）社保部门经常宣传养老保险政策吗？

（1）经常宣传　（2）偶尔宣传　（3）一般

（4）较少宣传　（5）很少宣传

3　对基本养老保险制度的基本认知

	问题	了解度	评价	合理度
3.1	养老保险整体政策	(1)(2)(3)(4)(5)	(1)(2)(3)(4)(5)	(1)(2)(3)(4)(5)
3.2	对缴费档次的设定	(1)(2)(3)(4)(5)	(1)(2)(3)(4)(5)	(1)(2)(3)(4)(5)
3.3	15 年缴费年限的设定	(1)(2)(3)(4)(5)	(1)(2)(3)(4)(5)	(1)(2)(3)(4)(5)
3.4	国家对养老保险的补贴政策	(1)(2)(3)(4)(5)	(1)(2)(3)(4)(5)	(1)(2)(3)(4)(5)
3.5	对待残疾人的优惠政策	(1)(2)(3)(4)(5)	(1)(2)(3)(4)(5)	(1)(2)(3)(4)(5)
3.6	基础养老金标准 55 元/月	(1)(2)(3)(4)(5)	(1)(2)(3)(4)(5)	(1)(2)(3)(4)(5)
3.7	多缴多得、长缴多得政策	(1)(2)(3)(4)(5)	(1)(2)(3)(4)(5)	(1)(2)(3)(4)(5)
3.8	经办机构的服务	(1)(2)(3)(4)(5)	(1)(2)(3)(4)(5)	(1)(2)(3)(4)(5)
3.9	经办人员的态度	——————	(1)(2)(3)(4)(5)	——————
3.10	经办人员的工作效率	——————	(1)(2)(3)(4)(5)	——————
3.11	业务经办的程序	(1)(2)(3)(4)(5)	(1)(2)(3)(4)(5)	(1)(2)(3)(4)(5)
3.12	60 岁以上老人可直接享受养老金，但其子女必须参保的政策	(1)(2)(3)(4)(5)	(1)(2)(3)(4)(5)	(1)(2)(3)(4)(5)
3.13	"捆绑式"参保政策，对您家的参保有影响吗？	(1) 影响非常大　(2) 影响比较大　(3) 一般　(4) 影响不太大　(5) 没有影响		
3.14	您认为现在老人每月领取的养老金够不够生活？	(1) 完全够用　(2) 基本够用　(3) 一般　(4) 不太够用　(5) 完全不够用		

4　对基本养老保险制度的期望

	问题	备选答案
4.1	您首选的养老方式是什么？（单选）	(1) 社会养老保险　(2) 子女供养　(3) 个人储蓄养老　(4) 商业养老保险
4.2	您期望每年的缴费金额为：	_____元
4.3	您认为养老金缴费年限设为多少合理？	_____年
4.4	您期望每月养老金为：	_____元
4.5	您认为养老保险制度还需要在哪些方面优化？（可多选）	(1) 缴费环节　(2) 登记环节　(3) 政府补贴　(4) 参保条件　(5) 管理制度和水平　(6) 制度衔接　(7) 待遇水平
4.6	您是否期望您及家人未来参加统一的基本养老保险制度？	(1) 希望　(2) 不希望（原因是_____）
4.7	您愿意新农保与城镇居民养老保险衔接与统一吗？	(1) 愿意　(2) 不愿意（原因是_____）
4.8	您愿意新农保与城镇企业职工基本养老保险衔接吗？	(1) 愿意　(2) 不愿意（原因是_____）
4.9	您愿意新农保与社会救助、社会福利制度衔接吗？	(1) 愿意　(2) 不愿意（原因是_____）

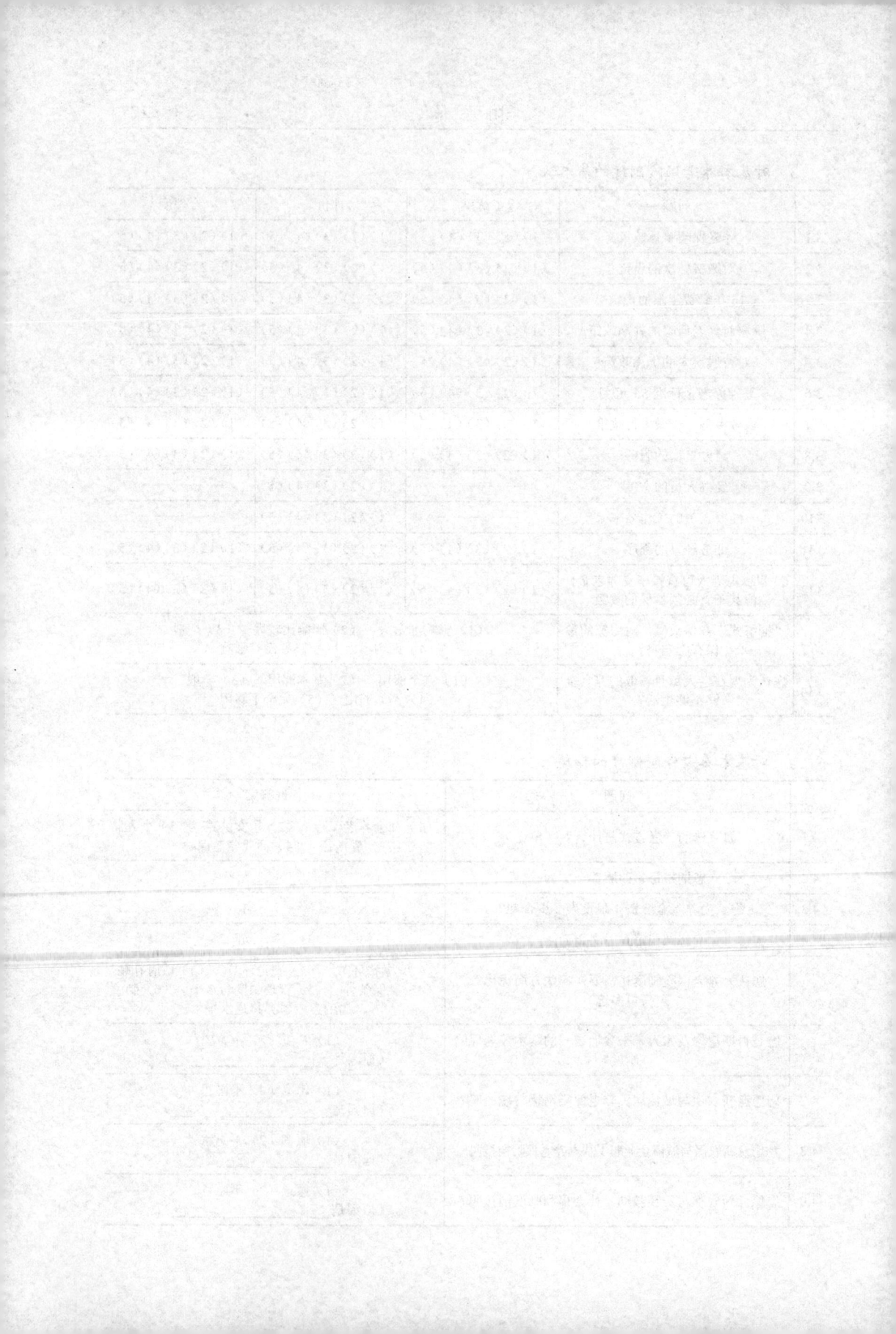